Hugo Wolf

Gesammelte Aufsätze über Hugo Wolf

Hugo Wolf

Gesammelte Aufsätze über Hugo Wolf

ISBN/EAN: 9783744601559

Hergestellt in Europa, USA, Kanada, Australien, Japan

Cover: Foto ©Thomas Meinert / pixelio.de

Weitere Bücher finden Sie auf **www.hansebooks.com**

Herausgeber:
Hugo Wolf-Verein in Wien.

Gesammelte Aufsätze

über

Hugo Wolf.

Mit einem Vorwort von **HERMANN BAHR**.

BERLIN
S. Fischer, Verlag
1898.

Gesammelte Aufsätze

über

HUGO WOLF

Beiträge von:

J. Schalk (Wien),

K. Hallwachs (München),

P. Müller (Berlin),

E. Hellmer (Wien),

Dr. Grunsky (Stuttgart),

O. E. Nodnagel (Berlin).

Hugo Wolf.

Vor fünfzehn Jahren wohnte ich bei einem Freunde mit Hugo Wolf zusammen. Wenige ahnten damals, was er uns bald werden sollte; den meisten galt er als ein Narr. Ich lebte mit meinem Freunde auf eine recht studentische Art, bei Mensuren oder in der Kneipe, fröhlich in die Nacht hinein, bis es graute. Kamen wir endlich doch heim, so war es meistens schon gegen fünf geworden. Schwer vom Trinken und von den heftigen Begeisterungen der Jugend wollten wir uns dann hinlegen. Da öffnete sich die Thüre und aus dem anderen Zimmer erschien uns, in einem langen, langen Hemde, Hugo Wolf, eine Kerze und ein Buch in der Hand, sehr bleich, seltsam in dem grauen, verschwimmenden Lichte anzusehen, mit rätselhaften, bald skurrilen, bald feierlichen Geberden. Er lachte schrill und verhöhnte uns. Dann trat er in die Mitte und schwang.

die Kerze, und während wir uns auszogen,
begann er uns vorzulesen, meistens aus der
Penthesilea. Dies halte aber eine solche
Kraft, dass wir schweigend wurden und uns
nicht mehr zu regen wagten; so gross war
es, wenn er redete. Wie ungeheure schwarze
Vögel rauschten die Worte von seinem blassen
Munde und schienen noch zu wachsen und
das ganze Zimmer wurde von ihren schreck-
lich lebendigen Schatten voll. Bis er plötzlich wieder lachte und uns verhöhnte und in
seinem langen, langen Hemde, die flackernde
Kerze in der ausgestreckten Hand, langsam
wieder durch die Thüre verschwand. Wir
aber sassen noch lange auf, während es
dämmerte, und spürten es geheimnisvoll um
uns wehen und wussten, dass ein grosses
Wesen bei uns gewesen war . . .

Ich habe in meinem Leben niemals mehr
so vorlesen hören. Es lässt sich nicht be-
schreiben. Ich kann nur sagen: wenn er sie
aussprach, nahmen die Worte eine ungeheure
Wahrheit an, sie bekamen Körper, ja wir
hatten das Gefühl, als ob sein eigener Leib
auf einmal dann zum Fleisch der Worte geworden wäre, als ob diese Hände, die wir
im Dunkel schimmern sahen, keinem Menschen
mehr, sondern jetzt den Worten, die wir
vernahmen, angehören würden! Er hatte

sich gleichsam mit seinem ganzen Körper in das Wort des Dichters verwandelt. Dieses stand vor uns, unser Freund war verschwunden.

Dann habe ich, in Europa herumirrend, jahrelang nichts von ihm gehört, bis seine Goethelieder kamen. Diese trafen mich im Tiefsten. Und da erinnerte ich mich plötzlich. Ja, das war dasselbe! Dasselbe, wie in jenen Nächten. Wie er damals vor uns gleichsam versunken war, um zur Existenz jener Worte zu werden, sodass die Hände, die wir schimmern, die Augen, die wir drohen sahen, garnicht mehr seine, sondern eher die Hände und Augen jener Worte schienen, die wir nur von selber nicht bemerkt hätten, so konnte doch diese Musik von keinem Menschen „hinzugethan" sein, sondern sie war die natürliche Musik ihrer Verse. Wir hatten nur schlechte Ohren gehabt, sonst hätten wir sie immer hören müssen: denn es ist die eigene Musik dieser Verse, sie lebt in ihnen, sie muss immer bei ihnen gewesen sein, er hat sie nur laut werden lassen.

Ich maasse mir nicht an, im Musikalischen mitzureden. Ich weiss nur, dass die meisten von uns, die wir die Kunst der Worte üben, mit der heutigen Musik nichts anzufangen wissen. Hören wir ein Lied eines geliebten

Gedichtes, so haben wir das Gefühl, dass uns
die Musik „geniert". Sie ist dem geliebten
Gedichte fremd; es kommt uns in ihrer Begleitung wie verkleidet vor. Hugo Wolf ist
der einzige, der uns die Gedichte nicht ent-
fremdet, sondern seine Musik empfinden wir
als die eigentliche Natur der Gedichte, als
dasselbe, was sie in Versen sind, als die
natürliche Luft, die zu ihnen gehört und ohne
die sie gar nicht leben könnten. Darum
verehren wir ihn, darum lieben wir ihn,
darum wünschen wir ihm, die Nation möge
endlich seiner würdig werden.

Hermann Bahr.

Neue Lieder, neues Leben

Joseph Schalk (Wien).

———

Fragen wir denjenigen Merkmalen nach, welche das deutsche Lied auszeichnen, welche es als eine unvergleichliche Erscheinung im Leben unsres Volkes und unsrer Kunst hervortreten lassen, so sind es vor allem jene Züge, aus denen sich eben seine unzertrennliche Doppelnatur als Volks- und Kunstprodukt zu erkennen giebt. Freilich ist es heute nicht mehr so ganz leicht, die Reinheit dieser Abstammung im einzelnen Falle nachzuweisen, und sie wird gerade am allerwenigsten in dem bestehen, was man so gewöhnlich volkstümlich zu nennen pflegt.

Der Niederschlag, den die moderne Grossstadtkultur auf den breiten Boden des Volkes in immer dichteren Schichten ablagert, ist dem Aufblühen gesunder Keime wahrlich

1

nicht gedeihlich. Ihm entstammen nur die vielen Schädlinge, die als Zerrbilder gesunder Volkskraft den weiten deutschen Garten überwuchern. Wer sich an diesen ergötzt, sein volles Behagen findet, den laden wir nicht ein, uns zu folgen. Denn wir wenden uns hinaus ins Freie, wo der Boden noch gesund und urbar ist, und wollen einmal mit Sorgfalt die Pflanze betrachten, die hier gedeiht. Da fällt uns zuerst ihr freier, schlanker Wuchs ins Auge, Form und Farbe alt-heimatlich, nicht üppiggeil, nicht dürftig verkümmernd. In Wind und Wetter aufgeschossen, birgt sie die zarten Blütenkelche mehr an sich, als dass sie offen damit prunkte. Der Sonne kehrt sie sich entgegen, die Himmelsglanz und Wärme ihr niederschickt, ihr spendet sie den schönsten Duft. Ein Merkmal vor allem! Grabt ihren Wurzeln nach, nie wird es euch gelingen, die tausend starken Fäden blosszulegen, die, in die Tiefe reichend, die Mutter Erde fest umklammern. Und also ist es auch mit dem deutschen Singen. Vom Sänger, der die Weisen nur in zierlichen Blumentöpfen aufzieht und uns vorsetzt, als kurz täuschenden Ersatz für heilige Wonnekräfte der Natur, von ihm sprechen wir hier nicht. Wir wollen Einen nennen, aus dessen Klängen wir die

tiefen Wurzeln heimatlicher Volkskraft erspür-
ten, der frei von oben das hehre Amt des Gärt-
ners empfangen, mit seiner Kunst die Wunder-
pflanze zu pflegen, die nahe am Verderben war.
Vor kurzem sind in Wien erschienen:
Gedichte von Eduard Mörike, für eine Singstimme und Klavier komponiert von Hugo
Wolf. Es sind nicht weniger als 53 Gesänge. Eine tiefe Seelenverwandtschaft muss
es gewesen sein, die so den Musiker an
den Dichter gefesselt, und mit lebhafter
Überraschung lernten wir aus diesem An-
lasse den halbvergessenen schwäbischen
Poeten als eine so reiche und tiefe Dichter-
natur kennen, dass wir nur mit Beschämung
uns der allgemeinen Schuld seiner Vernach-
lässigung selbst mit teilhaftig fühlen konnten.
Wenn, nach Goethe, lebhaftes Gefühl der
Zustände und Fähigkeit sie darzustellen den
Dichter macht, so haben wir ja in Mörike
einen der Besten vor uns. Eine Fülle
deutscher Poesie quillt uns aus ihm entgegen. Ward er bisher nur als Vertreter
einer traulich-innigen oder idyllischen Richtung mit Achtung genannt, so erstaunt uns
um so mehr die sinnliche Kraft seiner Phantasie, seiner Sprache, die unübertreffliche
Unmittelbarkeit der Darstellung, ja ein tief
dämonischer Zug, wie er nur grossen Naturen

eigen ist. Man lese „Das Lied vom Winde",
„Das erste Liebeslied eines Mädchens."
Welche Kühnheit! Weit hinausragend über
die engeren Schranken Uhland'scher Poesie.
Ein alle Fesseln abstreifendes und in seiner
Freiheit aufjauchzendes Naturgefüht weht uns
an, eine elementare Gewalt, hinreissend und
zaubervoll wie der Atem göttlicher Musik.
Der Musiker, der diesen Dichter sinnvoll
erfasste, konnte nicht das Bestreben haben,
sich und seine Kunst in ihm wiederzuspiegeln.
Nur aufzurufen brauchte er die schlummernde
Musik, die sich in diesen Versen barg, nur
hinzulauschen den süssen Weisen, die ihm der
Dichter selber zuflüsterte. Als er ihn verstanden
und ihm beseligt nachgesprochen, da war zu
untrennbarem Bunde Ton und Wort geeint,
das echte Lied geboren.

Dass Hugo Wolf den rechten Zauberstab
besessen, dieses tönende Leben zu erwecken,
werden wir gewahr, indem aus seinen Gesängen uns der Dichter selbst herrlicher und
grösser entgegentritt, doch ganz als der, der
er war, nur emporgehoben in die reinere,
leuchtendere Sphäre der Musik. Und reichlich vergalt es ihm der Dichter. Denn durch
solch liebevollstes Versenken gewann der
Musiker wie durch ein Wunder auch den
vollen, reifen Ausdruck seines eigenen Wesens,

die individuellste, blühendste Melodik, die lebendige Wahrheit seiner musikalischen Form. Wer, im Kunsttreiben der Gegenwart stehend, die verheerende Herrschaft der Schablone erkannt hat, der wird wissen, wie viel dies bedeutet. In jedem dieser 53 Lieder aber, selbst in den ganz wenigen, in denen der musikalische Ausdruck nicht auf voller Höhe zu stehen scheint, wird man eine immer eigenartige, klare und abgerundete Form finden, so recht das, was der populäre Ausdruck „wie aus einem Guss" nennt. Dieser seltene Vorzug, vereint mit ursprünglichster Kraft der melodischen Erfindung, verleiht vielen dieser Lieder den Charakter edler Volkstümlichkeit, der den empfänglichen Hörer innigst zu beglücken im Stande ist.

Der schwäbische Dichter und der ihn wieder erweckende Tonsetzer, dessen Heimat der ferne Süden Steiermarks ist, wie gut verstehen sie sich in allen wundersamen Geheimnissen der deutschen Gefühlswelt!

Dass Hugo Wolf als Musiker auf der Höhe seiner Zeit steht und jene kostbaren Errungenschaften der Tonkunst, die wir unter dem Namen Richard Wagners begreifen, sich zu eigen gemacht hat, rechnen wir ihm nicht zum Tadel, sondern zu hohem Lobe an. Unmittelbarster Gefühlsausdruck, reiche,

kühne Harmonie, langatmige Melodie, sinn-
vollste Deklamation, Tiefe, Adel, Schwung,
Leidenschaft, künstlerische Freiheit und
Heiterkeit, wir finden sie in diesen Liedern
in einem Masse, wie in keiner andern neueren
Erscheinung auf diesem Gebiete, vereinigt,
und die reine Freude, die uns damit be-
reitet worden, giebt uns auch den Mut, dies
offen auszusprechen. Und wahrlich, kein
kleiner Mut darf es sein, der sich hierzu be-
kennt. Die Menge der Musiker und Musikfreunde, die überhaupt sich dem Strome der
sogenannten neudeutschen Richtung nicht
ganz entzogen hat, klammert, wie wir mit
Betrübnis gewahr werden, sich mehr und
mehr an Äusserlichkeiten und ist in Gefahr,
den durch die unmittelbare Lebensthätigkeit
Wagners kaum erkannten Kern seiner Kunst
und Lehre wieder nach und nach aus den
Augen zu verlieren. Kommt dann Einer,
der das Wesentliche, Leben zeigende derselben in sich aufgenommen, so wird er als
gefährlichster Gegner mit Geschrei und Läste-
rung begrüsst. Dies ist auch Hugo Wolf
nicht erspart geblieben, ja, uns dünkt, er
werde noch viel davon zu hören bekommen.
Nun denke man aber hier nicht etwa an
eine Übertragung musikalisch-dramatischer
Prinzipien auf das Lied und die lyrische Ge-

sangskomposition. So schwer auch die
Grenze zwischen dem dramatischen und dem
lyrischen Ausdruck in der Musik zu ziehen
ist, die künstlerische Notwendigkeit tief-
gehender Unterscheidung und Trennung
beider Geschlechter leuchtet wohl Jedem
ohne weiteres ein und gerade die Musik
Wolfs ist darnach angethan, diesen Unterschied recht klar zu machen. Von jenen
Mitteln des Ausdruckes, welche er Wagner
verdankt, völlig getrennt, steht die be-
wundernswürdige Selbständigkeit seiner Erfindung. Man wird vergebens bei ihm nach
Reminiszenzen suchen. Freilich, Leute, die
bei jedem übermässigen Dreiklang vergnüg-
lich kennerisch mit den Augen zwinkern
(denn da haben sie schon wieder ihren
Wagner entdeckt), werden derlei kleine
Freuden auch hier erleben. Andere werden
vorerst an manchen Stellen eine Verwandt-
schaft mit Karl Loewe oder Schubert heraus-
finden, ehe sie die Eigenart Wolfs verspüren,
die sich doch überall deutlichst kundgiebt. Das
bereits krystallisierte Empfinden der meisten
Musikfreunde knüpft eben immer nur an das
Bekannte an, für das Neue, Fremde, besonders wenn es kraftvoll ist, sind sie wie taub.

Im allgemeinen eignen sich daher die
einfacheren, zarten Stücke der Sammlung

besser zur ersten Bekanntschaft, wie etwa: „Der Gärtner," „Fussreise." Lerchen, die so frisch und frei in den blauen Kunsthimmel hineinsingen, werden heute wohl nur selten gehört. (Beide Lieder riefen bei wiederholtem Vortrage durch Ferdinand Jäger in Wien einen fast beispiellosen Enthusiasmus der Hörer hervor.) „Die Verborgenheit" ist dann als ganz besonders geeignet zu nennen, das Vertrauen musikalischer Personen zu erwecken. Daran schliesse sich der so einfach-erhabene „Gesang Weyla's," gleichsam dem Munde eines begeisterten Sehers entströmend. Der köstliche Humor des „Tambour," der sich den besten Balladen Löwe's ebenbürtig an die Seite stellt. Weiter zeugen „Die Storchenbotschaft," „Zur Warnung," „Abschied" und anderes für die erstaunliche Kraft musikalischer Komik und Charakteristik Wolfs. Tiefe Naturempfindung offenbart das stürmische Frühlingslied: „Er ist's," sowie auch „Der Jäger," „Im Frühling." Dem Komponisten ganz eigentümlich neue Töne der Innigkeit und Zartheit für landschaftliche Stimmungen finden wir in: „Der Knabe und das Imlein" und „Zitronenfalter im April." Dichtung und Musik wahre Perlen deutscher Lyrik. Der Schluss des ersteren: „Nichts Lieblichers auf Erden, als wenn man

herzt und küsst," zeigt Wolfs ganze Erfindungskraft volkstümlich edler Melodien.
Es sei nur kurz noch hingewiesen auf die
religiösen Gesänge: „Kirchengesang zum
neuen Jahr," „Schlafendes Jesuskind," „Seuf-
zer." Überall wahre, warme, tiefempfundene
Musik. Die schwerer zugänglichen, doch
für uns allerbedeutsamsten Produktionen
Wolfs, welche uns für seine Zukunft noch
viel versprechend erscheinen, nennen wir zuletzt: „Erstes Liebeslied eines Mädchens,"
„Das Lied vom Winde," „Der Feuerreiter,"
alle drei Stücke, bei vollendeter Ausführung,
von wild genialer, hinreissender Gewalt.
Die Plastik seiner musikalischen Motive,
die oft mit wenigen Noten ein sprechend
deutliches Bild vor unsere Einbildungskraft
zaubert (man sehe z. B. im „Abschied" das
Schattenspiel an der Wand), vereinigt sich
mit der Kunst ihrer thematischen Durchführung. Gerade diese letztere war aber in
der bisherigen Entwicklung des Liedes, kaum
andeutungsweise zu Tage getreten, und hierin
liegt der ausserordentliche Fortschritt, welchen
die Lieder Hugo Wolfs bezeichnen. Von
den mehr oder weniger stereotyp gewordenen
Begleitungsformen hat er sich emporge-
schwungen zur nahezu symphonisch-thema-
tischen Verarbeitung weniger Grundmotive,

die allen Stimmungen des Gedichtes sich an-
schmiegen und eine neue der Sonate und
Symphonie erst ebenbürtige Kunstform des
Liedes begründen. Zur Verdeutlichung des
Gesagten betrachten wir noch eingehend
eines der schönsten Lieder, das Dichter wie
Tonsetzer in liebwertester Gestalt zeigt:
„Auf einer Wanderung" betitelt. „In ein
freundliches Städtchen tret' ich ein." —
Dieser Anfang, mit dem Titel zusammengenommen, giebt dem Komponisten ein munter
bewegliches Thema ein, das im weiteren
Verlaufe fast ununterbrochen durchgeführt
wird und den verschiedenartigsten Ausdruck
annimmt. Schon im Augenblick, als der aus
freier, grüner Natur kommende Wanderer
das Städtchen betritt, verweilt in kaum merk-
lich zarter Weise die Singstimme, wie um
dem Auge Zeit zur Betrachtung zu lassen.
Alsbald färbt sich aber die ganze Modulation
dunkel: „In den Strassen liegt roter Abend-
schein," und mit nicht zu übertreffender
Wahrheit leuchtet uns die zarte Glut der
Musik ins Angesicht.

„Aus einem offenen Fenster eben,
Über den reichsten Blumenflor
Hinweg, hört man Goldglockengetöne schweben." —

Der Wanderer verweilt, und das gleiche
Motiv, das eben noch seiner rüstigen Be-

wegung Ausdruck gegeben, dringt nun als
holde Fülle des Duftes wie der Töne aus
der Höhe hernieder. Kaum vermögen wir
dieser Umwandlung nachzusinnen, denn eine
immer grösser und zarter werdende Verbreitung der Klänge nimmt uns gefangen:

„Und eine Stimme scheint ein Nachtigallenchor."

Allmählich hat sich das erste Motiv nur
verloren, so wie ja auch der Wanderer sein
Weiterziehen vergass. Über den verweilen-
den Basstönen giebt sich eine gesteigerte
innere Bewegung kund. Mit gehobenem
Herzen lauschend steht er, der glühenden
Gewalt des Gesanges preisgegeben, ein
Wonnegefühl höchster Trunkenheit erfasst ihn:

„Dass die Blüten beben,
Dass die Lüfte leben,
Dass in höherem Rot die Rosen leuchten vor!"

Nur ein tief enthusiastisches Gemüt wird
den so plötzlich, wie grundlos, entstandenen
Taumel, aus der eigenen Erfahrung ähnlicher Stimmungen heraus, sympathisch schnell
zu begreifen wissen.

„Lang hielt ich staunend, lustbeklommen." —

Der Dichter hat nur wenige Worte für
den Höhepunkt dieses Gefühles. Hier über-

lässt er Alles zu sagen dem Musiker. Wie dieser aber nun bei einigen Stellen tiefen Aufatmens ganz verschleiert das erste Wandermotiv durchblitzen lässt, das ist mit staunenswerter psychologischer Wahrheit empfunden und dargestellt.

In Momenten, da eine leidenschaftliche Erregung sich in uns abzudämpfen beginnt, ziehen oft unkenntlich, wie dunkle Wolkenschwaden, die der Erregung vorausgegangenen Stimmungen und Zustände an unserm Innern vorüber. Wir vermögen sie nicht festzuhalten, die Seele ringt ermattend, die Erinnerung schwankt hin und wieder. Dies Alles hat der Komponist mit wenigen Tönen in einer Kraft und Wahrheit ausgedrückt, die allein genügen würden, uns von seinem Schöpferberufe vollauf zu überzeugen. Denn hier handelt es sich um eines der schwierigsten Probleme, an dem jede Spitzfindigkeit zu Schanden wird, und nur der eigenen leidenden Seele vermag der Künstler ein solches Bild zu rauben. Mögen Mitempfindende es ihm entgelten! —

Wieder umfängt den Wanderer das weite Feld:

„Wie ich hinaus vor's Thor gekommen,
Ich weiss es wahrlich selber nicht."

Sein verwundetes und beglücktes Herz erschliesst sich jetzt erst recht dem Zauber der Natur. Ein zweites, doch dem ersten verwandtes Motiv, spannt sich wie das weite Himmelsblau über die Szene:

> „Ach hier, wie liegt die Welt so licht!
> Der Himmel wogt in purpurnem Gewühle,
> Rückwärts die Stadt in goldnem Rauch;
> Wie rauscht der Erlenbach,
> Wie rauscht im Grund die Mühle!"

Möchten doch alle, denen die schlichte deutsche Schwärmerei dieser Sprache noch das Herz zu rühren vermag, des unsäglich innigen, rührenden Ausdruckes der Musik hier inne werden! Wie in reinen kräftigen Linien die Melodie sich auf- und niederschwingt, fern jeder Geziertheit und Sentimentalität, doch so inbrünstig, so überströmend, erfüllt sie uns wie ein Trostspruch von der Unvergänglichkeit des deutschen Gemütes. Der Wanderer weiss sich nicht aus noch ein vor froher Seligkeit:

> „Ich bin wie trunken, irrgeführt."

Da hebt sich seine innere Kraft zum Bewusstsein seines Dichter-, seines Sängerberufes empor, und im heiligen Danke ruft er ihr, die ihm dies bewegliche Herz in die Brust gelegt, es zu:

„O Muse, du hast mein Herz berührt
Mit einem Liebeshauch!"

Ein Gefühl dithyrambischer Erhebung
durchgeistigt die Töne des Musikers, ein
zarter Schauer durchzittert sie, und als sich
die Spannung löst und verklingend das
frühere Naturmotiv darüber herniedersinkt,
steht dem begeisterten Sänger die Thräne
im Aug'. — Ein längeres Nachspiel führt
endlich zur Ruhe der ersten Stimmung zurück, und ganz am Schluss noch zerflattert
das Erlebnis im ruhigen Blau der Lüfte.

Ausdrücklich nennt der Komponist seine
Lieder als für eine Singstimme und Klavier
komponiert, und umgeht hiermit absichtlich
die sonst übliche Bezeichnung: für eine Singstimme mit Klavierbegleitung. Denn die
Aufgabe, welche hier dem Instrumente gestellt wurde, ist keine geringere, als die des
Sängers. Wie im musikalischen Drama das
Orchester die sich verzweigenden Fäden der
Dichtung in einem gemeinsamen Empfin-
dungsuntergrunde wurzeln lässt, welcher, den
leisesten Wendungen folgend, die stete Einheit bewahrt, und zwar in viel unmittel-
barerer Weise, als dies dem Dichter allein
möglich wäre, so hat auch der Komponist
dieser Gesänge dem Klaviere, als einem das

Orchester nur vertretenden Instrumente, eine gleich bedeutende Rolle zuerteilt.

Nicht aber als ein absichtliches Verfahren, sondern als eine innere zwingende künstlerische Notwendigkeit ist dieser Vorgang aufzufassen, und damit entfällt auch sofort der zu erwartende Einwurf, ob die Anwendung solchen Stiles vom Musikdrama auf das einfache Lied nicht an und für sich ein Fehler sei? Auch schliesst, wie wir aus Wagner selbst wissen, seine Orchesterbehandlung Einfachheit, wo sie geboten erscheint, oder geschlossenere Liedform (Lenzeslied etc.) keineswegs aus.

Die von Alters her gewohnte Form der Liederbegleitung entstammt dem primitiven Charakter der damaligen Instrumente und hat sich mit ihnen erweitert und vervollkommnet. Die Zeiten der Guitarre aber sind in Deutschland, so hoffen wir, vorüber. Nicht bloss aus der geschichtlichen Entwicklung der Instrumentalmusik aber, sondern hauptsächlich aus der tieferen Durchdringung der beiden Schwesterkünste, Poesie und Musik, ist die so ausserordentliche Ausgestaltung und Verfeinerung aller Elemente der Tonkunst, in Rhythmus, Harmonie und Instrumentation hervorgegangen, welche diese unvergleichliche Kunst zur Verkörperung

des sonst Verborgenen, Unsagbaren fähig
machte.

Wem sich auf solche Weise aus dem
künstlerischen Eindruck das Wesen der
neueren Musik wahrhaft erschlossen, der
wird darunter keineswegs einen weitläufigen
und umständlichen Apparat verstehen, dessen
Anwendung nur für die grössten Kunst-
formen des Drama's und der Symphonie zu
verwerten sei. Er wird diese einmal er-
kannte Ausdrucksfähigkeit vielmehr nur
überall fordern und eine dahinter zurück-
stehende Musik als unbefriedigend und nichts-
sagend verwerfen.

Mit dieser in Vor-Wagner'schen Zeit unmöglichen Ausbildung des Liedes ringt sich
aber auch die Musik auf dem Gebiete der
Lyrik erst zu einer den Leistungen der
deutschen Poesie ebenbürtigen Stellung heran.
Ueberblicken wir nur den ungeheuren Kreis
der Goethe'schen Lyrik, welch kleiner Bruch-
teil davon ist bisher einem gleich gehalt-
vollen musikalischen Ausdrucke zugänglich
gewesen, und wie Vieles bleibt dem modernen
Tondichter noch auszusprechen übrig! Nach
einer neuerdings seither erschienenen Sammlung von 20 Liedern von Eichendorff, die
eine reiche Fülle des völlig Neuen und Herr-
lichen bergen, begrüssen wir daher mit

aoppelter Freude den von Hugo Wolf bereits angekündigten grossen Cyklus Goethescher Gesänge, worunter viele der bedeutsamsten, bisher noch unkomponierten Dichtungen, namentlich auch des west-östlichen Divans sich finden. Ersehen wir doch in Hugo Wolf denjenigen, der berufen wäre, im Geiste des Dichters die letzten Szenen des Faust, 2. Teil, musikalisch auszuführen — eine Aufgabe, welche unser ganzes Vertrauen in die Kraft seines Genius bezeugt.

(Münchner allg. Ztg.
1890, No. 22.)

Hugo Wolf

von

Joseph Schalk (Wien).

———

Die fast beispiellosen Erfolge, welche Hugo Wolf mit seinen Mörike-Liedern in Wien erzielte, ohne je vorher in den massgebenden musikalischen Kreisen der Hauptstadt irgend Gönner gefunden zu haben, sind eine auffallende Erscheinung. Eben dieselbe Kraft der Individualität, die ihm den Weg des praktischen Lebens schwer, ja kaum überwindlich gemacht und zahlreiche persönliche Gegner geschaffen hatte, offenbarte sich in seinen Gesängen als der beglückende Zauber wahrhafter Kunst. Denn hier war wieder einmal seit Langem Ursprünglichkeit zu Tage getreten, die selbst den Widerstrebenden überwand, Erfindungskraft, deren Reichtum zur Bewunderung,

Volkstümlichkeit, die zum Entzücken hin-
riss.

Die neuen Lieder Hugo Wolfs (es sind
nicht weniger als zweiundfünfzig Gedichte
von Mörike, deren Erscheinen vor Kurzem
zwanzig Lieder von Eichendorff gefolgt sind,
fünfzig von Goethe werden noch erscheinen)
— sind in rascher Aufeinanderfolge in dem
kurzen Zeitraum von kaum zwei Jahren ent-
standen. Wie Wolf es versteht, sie mit unfehlbarer Sicherheit, meist in einem Zuge
aufs Papier zu werfen (die erste sehr zier-
lich saubere Niederschrift zeigt nur ganz aus-
nahmsweise irgend eine Korrektur), so ge-
lingt es ihm auch, die lyrische Stimmung
des Gedichtes, die dramatische der Ballade
sofort musikalisch gleich wiederzugeben. In
den einfachen Gefühlstönen mit einer den
besten Meistern nicht nachstehenden Innigkeit und Sangbarkeit, in den charakteristischen
Zügen mit oft überraschender Deutlichkeit
und Schärfe, sodass man Gestalten und Vor-
gänge greifbar vor sich zu sehen glaubt. Zu
ganz besonders hoher Meinung aber berechtigt die Vielseitigkeit seines Ausdruckes,
welcher sich im zart Innigen, wie im dä-
monisch Wilden, im erhaben Weihevollen,
wie im Humoristischen und derb Komischen
auf gleicher Höhe hält, und uns nur schwer

2*

dem Einen oder Anderen den Vorzug geben, keinesfalls aber gegenwärtig schon die Grenzen seiner Begabung ziehen lässt.

Mörike, dessen edle Dichterseele den Musiker zu so feurigem Dankesopfer entflammte, wird uns in diesen Liedern erst nach seiner vollen, noch viel zu wenig geschätzten Bedeutung nahegeführt. Man glaubt in einen Krystallspiegel zu blicken, in dem alle edlen und heiligen Eigenschaften des deutschen Gemütes wiederleuchten. In seiner ganzen Unergründlichkeit offenbart sich dieser Zauber keiner flüchtigen Lesung. Weniger volle Sammlung, als reine Empfänglichkeit ist es, was er voraussetzt. Dem modernen Kunstverstande, der immer mit voller Ladung segelt, wird diese Läuterung schwer. Aufs herrlichste vollzieht sie die Musik Wolfs, die in ihrer frischen Natürlichkeit auf uns eindringt, wie der belebende Odem des Waldes, der uns gestärkt uns selbst zurückgiebt.

Nicht ohne tieferen Grund nennen wir Hugo Wolf einen deutschen Sänger. In diesem Namen liegt das Merkmal, das ihn von den meisten modernen Liederkomponisten unterscheidet. Es ist ein Anderes, musikalische Tonreihen zu erfinden, die ebensogut von Geige wie Klarinette vorgetragen

werden, oder aber Melodien, welche, aus
dem Wesen der menschlichen Singstimme
entsprungen, auch gar nicht anders als ge-
sungen gedacht werden können. Die ver-
waschene Schreibweise (der „Stil der Me-
lange"), welche in den musikalischen Kompositionen der Gegenwart an der Tages-
ordnung ist, macht hierin kaum mehr einen
merklichen Unterschied. Sie beweist, wie
wenig den Meisten um das „Singen" eigentlich zu thun ist. Wären nicht die Berufssänger, als Sterne der musikalischen Gesell-
schaften, so überaus bequeme Träger des
Ruhmes, so fiele es kaum je Einem all der
aus dem Klaviere herausgewachsenen Tonsetzer ein, auch Lieder zu schreiben. Wolfs
Lieder strömen echten, unvermischten Gesang aus; er ist sein eigner Sänger, und nur
wenn sich Einer findet, der, wie der unvergleichliche Siegfried - Darsteller Ferdinand
Jäger, Mut und Begeisterung genug hat, sich
ihm zu gesellen, dringt auch weitere Kunde
davon in die Welt hinaus.

Die orchestrale Behandlung der Klavierbegleitung finden wir keineswegs tadelns-
wert, da sie durch die neuere musikalische
Ausdrucksweise bedingt ist. Doch sind unter
den Liedern auch solche, und es sind keineswegs die schwächeren, die im einfachsten

Stile gehalten sind. Der Einfluss Wagners auf die höchst feinsinnige Deklamation, die harmonische und melodische Kühnheit des Aufbaus zeigt sich hier, wo die eigentliche Erfindung durchaus selbständig bleibt, ebenso segensreich, wie er sich bei Tonsetzern schwächerer Individualität verderblich erwiesen hat. Aufs Neue bekräftigen diese Gesänge die zu wunderbarer Höhe gesteigerte Ausdrucksfähigkeit der neueren Musik. Als unmittelbare Sprache des reinen Gefühles hat sich die Tonkunst von je bewährt. Wie sie sich aber in ihrer vorschreitenden Entwickelung zu einer immer helleren Spiegelung der gesamten inneren wie äusseren Welt erwachend emporhob, und gerade hierdurch in den Elementen ihres Seins, in Rhythmus, Melodie und Harmonie, zu ungeahnter Kraft und Bedeutung erstarkte — weist sie uns ein eigentliches Wunder des Jahrhunderts auf, dem gegenüber wir ohne mögliche Erläuterungen des Verstandes in staunender Bewunderung seiner Erhabenheit verharren. Die Erfindungskraft Hugo Wolfs bewährt sich dieser hohen Stufe ebenbürtig. Sie führt uns hinaus in die Frische der Morgenluft, in das flimmernde Sonnenlicht des Weinberges, in die summende Schwüle des Mittags, wie in das schattige Waldesdunkel, in den Zauber seiner Einsamkeit oder in das Brausen des Sturmes, des strömenden Regens, dann wieder in die Ruhe des ländlichen Abends, vor die Glut der untergehenden Sonne oder in den milden Schimmer des Mondlichtes — unmittelbarer, als es Dichtersprache vermag. Was bei kühler, kunstverständiger Betrachtung als logische Entwicklung musikalischer Formen, als ein einheitlich geistvolles Gewebe der Durchführung erscheint, wird belebt im Anhauch schöpferischer Wiedergabe zur ergreifenden Gewalt einer höheren Natur, deren Wahrheit uns tief erschüttert.

Gleich als Tondichter, wie als darstellender Künstler fesselt Hugo Wolf den Hörer. Die Energie und Präzision, die Feinheit der seelischen Durchdringung des Ganzen, wie die zündende Unmittelbarkeit belehrt besser als jeder Vortrag akademisch gebildeter Berufsvirtuosen.

Mehr als alle Worte aber würden Beispiele, die wir hier nicht bieten können, überzeugen. Eine allgemeine Betrachtung möge noch zu Gunsten unseres Urteils sprechen. Der Ernst des Lebens wird von dem zunehmenden Alter der Menschheit immer mehr erkannt. Selbst in kürzeren Geschichtsepochen lässt sich die Wahrheit

dieses Satzes historisch nachweisen, und so
gewinnen auch Sage, Religion und Kunst
fortgesetzt tiefere Bedeutung. Ist nun allerdings ideale Heiterkeit das Gebiet der Kunst,
so geht daraus hervor, dass sie in dem
Kindheits- wie Jünglingsalter der Menschheit
am besten zu natürlicher Blüte gelangen
konnte. Ihre grösste Erniedrigung war es,
wenn sie sich anschickte, diese Heiterkeit zu
erheucheln, wogegen ihre eigentliche Würde
darin besteht, dem Ernste des Zeitalters eine
entsprechend hohe Sphäre der Heiterkeit
(des freien Spieles der Kräfte) entgegenzu-
setzen, welche jenem gesteigerten Ernste ein
Gleichgewicht zu halten vermag. Dies be-
wahrheitet sich auch an der Person des modernen Künstlers. Hat er Anspruch darauf
als solcher zu gelten, so ist in ihm ein Stück
jenes furchtbaren Dämons des Ernstes ver-
körpert, der mit eiserner Faust die alternde
Welt umspannt. Sein Ernst aber ist die
Kunst, sie ist sein einziger, todbringender
Lebenszweck. Das Wirken der übrigen im
Banne des Stoffes befangenen Menschheit
giebt zusammengenommen gleichsam erst
die Summe der ihn erfüllenden Energie
und Intensität. Nur so wird er noch
Herr des idealen Bereiches, nur so vermag er sich aufzuschwingen zu den immer

ferner hinschwindenden Gefilden des Paradieses.

Seit der unvergleichlichen Erscheinung Richard Wagners, die diesen Typus in höchster Vollendung darstellt, haben nur ganz wenige Menschen uns einen in diesem Sinne so überzeugenden Eindruck hervorgerufen, wie der junge Tondichter Hugo Wolf.

(Der Kunstfreund
1890, 11. Stück.)

Hugo Wolf's Goethe-Lieder
und sein spanisches Liederbuch
von
Joseph Schalk (Wien).

I.

Es ist mehr als nur ein Zufall, was den jungen Tondichter auf seinem künstlerischen Entwickelungsgange von der Sphäre spezifisch deutscher Lyrik eines Mörike und Eichendorff aus zu Goethe hin und von diesem nunmehr bis auf die alten fast vergessenen Spanier geführt hat. Die unvergleichliche Konzentrationskraft seiner Begabung, die Hugo Wolf wie mit einem Schlage in das innerste Seelenleben des von ihm erfassten Dichters versetzt, schliesst die Annahme allmählich weiter dringender Vertiefung nach einer Richtung hin völlig aus.

Jede seiner Schaffensperioden, durch längere Pausen von der vorhergegangenen immer scharf abgegrenzt, erweckt unwillkürlich die Vorstellung eines Krampfes. In diesem Zustande bemächtigt sich sein musikalischer Genius der dichterischen Vorlage derart, dass er unzertrennlich eins mit ihr wird. Was er dann mit den Mitteln seiner Kunst zu Tage fördert, ist nicht bloss der Gefühlsinhalt, sondern auch die poetische Form, das historische oder lokale Kolorit, kurz der ganze Dichter im lebhafteren Glanze des musikalischen Ausdruckes.

Hat er für das deutsche Volksempfinden, wie es in Mörike's und Eichendorff's Liedern als reines Gemütsleben, als innig - frommer Glaube, als derber Humor und naive Phantastik zur Erscheinung kommt, die richtigen, überzeugenden Töne getroffen, so war es ihm vorbehalten, auch den weit schwierigeren Stil einer würdigen musikalischen Behandlung für manche der erhabensten Dichtungen Goethe's aufzufinden, was man namentlich an den Liedern aus dem „West - östlichen Divan", sowie „Anakreon's Grab", „Kophtisches Lied" und „Phaenomen" bewundern möge.

Billig fragen wir uns, wie ein Künstler, der kaum den Jünglingsjahren entwachsen, die zartesten Geheimnisse der Goethe'schen Greisenpoesie so rein und tief zu erfassen, ja in seiner Sprache darzustellen vermochte und wissen hierauf keine Antwort. Es gilt eben hier nur wieder einmal die geradezu mystische Inkommensurabilität der Tonkunst, wie des musikalischen Genies als unbestreitbaren Glaubens- und Erfahrungssatz hinzunehmen.

Die Schwierigkeiten, welche die Sprache Goethe's in den kunstvollen Formen seiner späten Schaffensjahre der musikalischen Komposition entgegensetzt, sind bekannt genug. Wie aufs Peinlichste verletzend wirkt auch nur der leiseste Zwang, der ihrem zauberhaften Rhythmus angethan wird! Statt des schier unmöglichen Versuches, hier auch nur alles Bedeutendste aus den einundfünfzig Gesängen des Goethe-Liederbandes aufzuzählen, sehe man an nur zwei Beispielen, wie Hugo Wolf seine Aufgabe löst, und entschuldige die Umständlichkeit des Verfahrens mit der lehrreichen Bedeutung, welche das Problem für die Entwickelung der neuen Musik und ihre Beziehungen zur Poesie überhaupt darbietet.

Der scheinbar eigensinnig-kunstvolle Bau der folgenden Verse, der in Wolf's Melodie völlig getreu und verständlich wiedergegeben ist, belege nach der poetisch-formellen Seite hin, seine so seltene Kunst der Schonung

und der sinngemässen Wiedergabe der ver-
schlungenen Satzperioden.

> „Als ich auf dem Euphrat schiffte,
> Streifte sich der goldne Ring
> Fingerab, in Wasserklüfte,
> Den ich einst von dir empfing.‘‘

Die musikalische Melodie wird gemein-
hin, bewusst oder unbewusst, als das unge-
hinderte Ausströmen eines einzelnen Em-
pfindungsmomentes verstanden. In diesem
Sinne müssen, strenge genommen, die voran-
stehenden Verse als unkomponierbar bezeichnet werden. Denn wie soll eine solche Melodie über die künstliche Trennung der unmittelbar zusammengehörigen Satzglieder der
zweiten und vierten Zeile hinwegkommen?
Man spreche nicht von der Naivetät des Ton-
dichters, der in seiner Sangesfreude über
solche Dinge blind hinausgeht. Damit ist
hier nicht auszukommen; wir stehen hier
nicht auf dem Boden des Volksliedes und
was dort als Naivetät berechtigt ist, wird
hier zur empörenden Rohheit.

Stellen wir also zum Zwecke der Verdeutlichung des Gesagten, die Goethe'schen
Verse im Sinne der möglichsten Annäherung
an die landläufige musikalische Behandlung
um, so müsste es heissen: „Als ich auf dem

Euphrat schiffte, streifte sich der goldne Ring, den ich einst von dir empfing, fingerab in Wasserklüfte". — Oder, noch banaler, beziehungsweise musikalisch mundgerechter: „Der goldne Ring, den ich einst von dir empfing, streifte sich fingerab in Wasserklüfte, als ich auf dem Euphrat schiffte". — Was bleibt da von Goethe übrig? Ganz dasselbe Verbrechen begeht aber ein Komponist, der nur eine in diesem Sinne verständliche Melodie dem Originale selbst unterlegt. Es zeigt sich hier deutlich, dass einzig die durch Aneinanderschliessen der zusammengehörigen Satzteile erleichterte Verständlichkeit das sogenannte „musikalische" ausmacht. Den Allermeisten gilt eben die Musik nur als eine „dumme" Kunst. Zur Rechtfertigung der arg verlästerten Muse fragen wir aber: Wie kommt es, dass durch ein solches Verfahren gerade die poetische Wirkung des Originales verloren geht, die ja in einem mehr als bloss bildlichen Sinne zugleich als eine eminent musikalische bezeichnet werden muss?

Es ist nun als eine der grössten Errungenschaften der neueren Tonkunst zu begrüssen, dass sie aus ihren eigenen Elementen der rhythmischen Symmetrie und Modulation heraus die Kraft fand, diese latente Musik der Poesie selbst zum Tönen zu bringen. Aus

der vergleichsweise so grossen Jugend der
Tonkunst erklärt es sich hinreichend, wenn
erst durch Richard Wagner diese Möglich-
keit aufgezeigt werden konnte. Die einfachen rhythmischen Ordnungen der klassi-
schen Musikformen, deren immerwährende
Wiederholung hauptsächlich das Vergnügen
der heutigen musikalischen Welt ausmacht,
erwiesen sich durch ihn als einer unendlichen
Gliederung fähig, die dem gebildeten und ge-
übten Kunstsinne durchaus nicht als Zer-
störung, sondern immer nur wieder als eine
Symmetrie höherer Art erscheint. Wenn bei
solch geheimnisvollen Vorgängen einzig Gleich-
nisse erläuternd wirken können, so möchten
wir hier etwa an die Entdeckung der Per-
spektive erinnern, welche für die künstlerische
Anschauung des Raumes ähnliches leistet, wie
diese neuere musikalische Rhythmik für die
Formen der Zeit. Jedenfalls sind wir noch
weit entfernt, hier Gesetze ausfindig zu
machen, oder vielmehr — Gott sei Dank,
dass wir noch lange nicht so weit sind, denn
gerade so lange kann noch Ursprüngliches
und Neues geschaffen werden.

Nun wäre aber nichts verfehlter, als mit
völligem Aufgeben der alten melodischen
Tonformen eine Art rezitativisch freier Komposition der in Rede stehenden Verse zu ver-

suchen. Es ist von vornherein klar, dass
der Stimmungszauber dieser Strophe nur
innerhalb eines wohlgeordneten rhythmischen
Gleichmasses erhalten werden kann. Durch
die fast unmerkliche Steigerung und Dehnung
der Deklamation, welche in keiner Weise
dem Hörer die Schwierigkeit des Problems
verraten durfte, war hier allein das not-
wendige Auseinanderhalten der Satzteile zu
erreichen, und wir gehen nun daran, dem
Leser, soweit es ohne Notenbeispiele denkbar ist, die Lösung zu veranschaulichen.

Goethe stellt den Nebensatz deshalb voran,
weil er zuerst die Vorstellung des auf den
Wellen schaukelnden Kahnes als Stimmungs-
bild hervorrufen will. Ebenso hat auch Hugo
Wolf seinem Gesange das sanfte Wogen in
unbeschreiblich zarter Weise unterlegt. Wir
gehen nicht zu weit, wenn wir, im Vergleich
zu anderem gewohnten musikalischen Gondel-
geplätscher, uns hier wirklich auf den heiligen
Fluten des morgenländischen Stromes getragen
fühlen. Die melodische Dehnung und Steigerung, welche sich zu dem Subjekte des Satzes
„Ring" heraufzieht, erreicht gleichsam die
äusserste Grenze des Stimmungsbildes und
damit die, dieses umhüllende, Sphäre des
reinen Verstandesbegriffes, kehrt aber, ohne
sie zu überschreiten, mit der Vorstellung des

Versinkens in die „Wasserklüfte" zum Mittel-
punkte und zur Ruhe des Beginns zurück,
doch so, dass durch die gleichzeitige Modulation (A-dur — As-dur) in meisterlicher Weise
das verdunkelnde Gefühl des hinabflutenden
Gegenstandes angedeutet wird. Der folgende,
auffallend rührende Ausdruck der Töne für
die Worte „den ich einst von dir empfing"
scheint aber nun dieses liebende Gedenken
zur Hauptsache zu machen, was wiederum
völlig mit der Absicht des Dichters überein-
stimmt. Denn wir brauchen uns jetzt nur
die Strophe zu wiederholen, um mit Entzücken
zu begreifen, dass Worte wie Töne vom An-
fange an durch die Liebe hervorgerufen
worden waren.

> „Also träumt' ich. — Morgenröte
> Blitzt ins Auge durch den Baum.
> Sag, Poete, sag, Prophete!
> Was bedeutet dieser Traum?"

Die zweite Strophe bietet keine derartige
Schwierigkeit. Wir setzen sie nur her, um
zu bekennen, dass die überirdische Schöne
dieser Goetheschen Morgenstimmung uns nie
deutlicher geworden ist, als durch die Musik
Wolfs. Wie alle seine Lieder, so setzen
namentlich die „Goethe'schen" eine doppelte

Empfänglichkeit, die für poetische und die für musikalische Schönheit voraus, und wer ihnen nur die eine entgegenbringt, kann dem Ganzen niemals gerecht werden. Derlei Produktionen sind daher notwendig auf einen kleinen Kreis von Geniessenden beschränkt. Immerhin hegen wir aber aus Erfahrung mehr Vertrauen zu den poetischen Gemütern, welche sich angeregt fühlen, der Musik nachzufolgen, als zu den eigentlich musikalischen, für die die Dichtung nur so nebenbei läuft uud welche leider im deutschen Publikum in erschreckender Überzahl vorhanden sind. — In den blühenden Zauber sonnig-stillen Naturlebens, den Goethe mit so wenig Worten im „Anakreon" entfaltet, stellt er plötzlich die ernste Frage hinein: „Welch ein Grab ist hier?" — fährt aber sogleich in derselben tief beglückten Stimmung fort: „das alle Götter mit Leben schön bepflanzt und geziert? Es ist Anakreon's Ruh". — Wer zittert hier nicht für den zarten Hauch verklärter Poesie, wenn er dabei an Musik denkt. Wer traute ihr zu, dass sie in gleich knappem Raume ebenso wahr und ergreifend Leben und Tod verbinden könne? Und doch hat Hugo Wolf hier mit bewunderungswürdiger Künstlerhand das uns heilig-unberührbar Dünkende festgehalten, mit

wenigen Tönen des tiefsten Ernstes und
süssesten Trostes zugleich die Musik zur
Höhe des Dichters zu erheben vermocht.

II.

Berührt von dem weltumspannenden Genius Goethes, der sich die Reinheit erster
Jugendgefühle durch die morgenländische
Poesie des west-östlichen Divan so wunderbar zurückerobert hatte, wurde unser Tondichter nunmehr wie von selbst auf die glut-
vollen Gesänge der alten spanischen Dichter
hingeführt. Durch die meisterhaften Bear-
beitungen Geibels und Heyses sind diese
Schätze der Weltlitteratur zu einem freilich
noch wenig gehobenen Schatze unserer
deutschen Dichtkunst selbst geworden. Es
ist altes, echtes Gold, das in seinem fun-
kelnden Glanze aller Zeit und alles ab-
nützenden Gebrauches spottet.

Zwar unverkennbar als derselbe „wohl
bekannte Sänger" aber doch wieder wie ein
völlig Neuer tritt uns Hugo Wolf hier entgegen, in den brennenden Farben südlicher
Leidenschaft. Einige dieser Lieder scheinen
den Übergang zu vermitteln, so insbesondere
das herrliche Lied: „Wenn du zu den
Blumen gehst", das noch ganz die tiefe

Innigkeit der Mörike-Lieder atmet; ferner-
„Alle gingen, Herz, zur Ruh". Sie mögen
als Brücke dienen, hinüber in das neue Land,
wo uns alsbald berauschendes Geschwirr der
Guitarren und Mandolinen empfängt. „Auf
dem grünen Balkon", „Klinge mein Pan-
dero", „Seltsam ist Juana's Weise". Man
denke nur ja nicht an bekannte Bolero- und
Fandango - Rhythmen. Eine Fülle lebens-
voller Gestalten treibt sich in plastischer
Deutlichkeit vor unserem geistigen Auge
vorüber, Gestalten, die wir nicht nur an
ihren Geberden und Gewändern etwa als
maskierte Spanier, sondern in ihrem innersten
Wesen, in ihrer Lust und ihrem Weh, ihrer
träumerischen Weichheit, wie in ihrem üp-
pigen Stolze, ihrem Scherz und ihrer Schwer-
mut, in ihrem schmachtenden Sehnen, wie in
ihrer zum Wahnsinn gesteigerten Raserei als
echte Kinder ihrer sonnendurchglühten Heimat erkennen. Und derlei Wunder voll-
bringt wie von je einzig die deutsche Kunst.
Wir sind doch ein glückliches Volk. — Der
Interpretationskunst sind durch solche Werke
freilich die höchsten und schwierigsten Aufgaben gestellt. Ein Sänger, der beispiels-
weise dem Liede: „Wer sein holdes Lieb'
verloren, weil er Liebe nicht versteht" — in
seinem Vortrage gerecht werden will, hat

·eine Kraft, wie sie eben nur das Genie besitzt, aufzubieten, um seine ganze Seele in
die des edlen, melancholisch-weichen Spa-
niers zu verwandeln, der uns hier sein Leid
·klagt. Und welch' Gedränge reizender
Mädchengestalten, scheue und verwegene,
·blickt nicht durch das von duftigsten Blüten-
guirlanden umsponnene, zarte Notengezitter
·hindurch! Neckisch heiter, oft bis zur Ausgelassenheit: „Sagt, seid Ihr es, feiner Herr",
·dann im Tone holder Treue: „In dem
·Schatten meiner Locken", „Sie blasen zum
Abmarsch", „Mögen alle bösen Zungen
immer sprechen was beliebt", „Geh, Ge-
·liebter, geh jetzt, sieh' der Morgen däm-
mert", oder in dem Liede „Weint nicht, ihr
·Äugelein" des Lope de Vega, dem sich unmittelbar das im limusinischen Volkstone ge-
·haltene, allerliebste Schäferidyll: „Wer that
deinem Füsslein weh? La Marioneta" an-
·schliesst, dessen musikalische Ausführung
von entzückender Frische und Zierlichkeit
·ist. Es folgen nun eine Reihe leidenschaft-
licherer Liebeslieder: „Sagt ihm, dass er zu
mir komme", „Bitt' ihn, o Mutter", „Liebe
·mir im Busen zündet einen Brand", „Schmerz-
liche Wonnen und wonnige Schmerzen",
immer gesteigerter bis zu dem in seiner
·Furchtbarkeit erschreckenden Ausbruche

tiefer Leidenschaft: „Wehe der, die mir verstrickte meinen Geliebten" — ein Gesang, wie er nur aus dem wild rasenden Herzen einer Andalusierin hervorbrechen kann. Als apartes Kabinettstück von unvergleichlich feinsinniger Charakteristik nennen wir hier noch des Cervantes: „Köpfchen, Köpfchen, nicht gewimmert" (Preziosa's Kopfwehsprüchlein) und wenden uns zu den männlichen Liebesliedern: „Und schläfst du mein Mädchen", „Treibe nur mit Lieben Spott", „Deine Mutter, süsses Kind", „Bedeckt mich mit Blumen" und einigen zu Anfang genannten, in welchen wir bei gleicher poetischer Prägnanz, vor allem den Reichtum rhythmischer Erfindungskraft bewundern. Sie leiten in das Gebiet eines freien höchst ergötzlichen und originellen Humors hinüber: „Eide, so die Liebe schwur", „Da nur Leid und Leidenschaft" und „Herz, verzage nicht geschwind, weil die Weiber — Weiber sind", doppelt erquicklich nach der erschütternden Wahrhaftigkeit der vorausgegangenen ernsten Stücke.

Einige Gesänge im Tone teils leidenschaftlicher, teils ruhiger Resignation: „Ich fuhr über Meer", „Blindes Schauen, dunkle Leuchte", „Komm, o Tod, von Nacht umgeben" führen uns nun zu der Abteilung:

„Geistliche Lieder", deren Voranstellung in
der Bandausgabe des Werkes, wohl ein
schönes Zeugnis für den Ernst des Ton-
dichters ablegt, im Interesse einer rascheren
Verbreitung aber bedauert werden muss.
Sie enthält nämlich die ungleich schwierigeren
Stücke, sehr geeignet die Neugier eines zuerst auf sie verfallenden Publikums rasch zu
dämpfen. Möchte doch Jeder vorerst immer
das Gedicht selbst durchlesen und erwägen,
welche Anforderungen sein Inhalt an den
Musiker stellt! Man würde vielleicht besser
einsehen lernen, dass die fanatische Inbrunst
des religiösen Empfindens, welches im spanischen Volksgeiste eine so bedeutsame Rolle
spielt, nicht gerade immer durch milde
und einschmeichelnde Akkorde wiederzugeben ist.

Indem Wolf seine musikalische Natur in
die asketischen Wonnen und Peinigungen
dieser Dichterheiligen untertauchte, hat er
freilich dem Modernen entlegenste Gebiete
des Seelenlebens durch seine Kunst uns
wieder näher gebracht. Als die zugäng-
lichsten dieser zehn weihevollen Gesänge
nennen wir hier nur das in reinstem Legenden-
tone und doch so rührend innig gehaltene
Lied: „Nun wandre Maria" und „Die ihr
schwebet um diese Palmen". Die Krone des

Ganzen dünkt uns aber der neunte dieser
Gesänge zu sein, auf dessen Bedeutung schliesslich noch den teilnehmenden Leser aufmerk-
sam zu machen, wir uns nicht versagen
können.

Vergegenwärtigen wir uns eine in An-
dachtsschmerzen tief zusammengebrochene
Gestalt, wie sie mit immer neuerlichem Flehen
und Ringen die Arme erhebt zum Bilde des
am Ölberge wachenden und weinenden Erlösers, und in die Worte ausbricht: „Herr,
was trägt der Boden hier, den du tränkst so
bitterlich?" Diese Gestalt ist plastisch dargestellt durch das kurze Motiv, das in immer
neuen Schmerzensaccenten fragend, sich
durch das ganze Lied hindurchzieht. Aus der
unendlich tieferen, aber ruhigen Fülle seines
eigenen, göttlichen Wehes antwortet der
Herr:

> „Dornen liebes Herz, für mich
> und für dich der Blumen Zier".

Nur soweit als die eigene Todesnot Trost
zu spenden vermag, drückt ihn hier auch die
Musik gleichsam im trübsten Dämmerlichte
aus. Wir vernehmen die erneute Klage des
sich am Boden Windenden:

> „Ach, wo solche Bäche rinnen,
> wird ein Garten da gedeihn?"

Darauf der Herr erwidert:

„Ja, und wisse! Kränzelein,
gar verschiedne flicht man drinnen".

„O, mein Herr, zu wessen Zier
windet man die Kränze? sprich!"

Im tonlosen Düster eines menschlich un-
fassbaren Wehes vernehmen wir die Antwort des Erlösers:

„Die von Dornen sind für mich" —

und nun spielt ein mildestes Lächeln von
Wehmut und Verklärung um sein heiliges
Antlitz:

„Die von Blumen reich' ich dir!"

Mit dem letzten Worte hat Hugo Wolf
durch einen höchst einfachen Harmonie-
schritt eine bisher unerhörte Wirkung erzielt. Denn es erhebt sich unleugbar deutlich vor der schaudernden Seele des Hörers,
wie von einer Blutwelle emporgehoben das
Riesenbildnis des Gekreuzigten!

(Bayr. Taschenkalender
1893)

Hugo Wolf

von

Karl Hallwachs (München).

U nter den deutschen Künstlern, die so
sehr weit von dem in der Oeffentlichkeit geltenden und verstandenen Kunsttreiben
entfernt, nur von wenigen begleitet, durch
entrückte, stille Gefilde wandeln, bemerken
wir auch einen Meister der Töne, den
Liederkomponisten Hugo Wolf. Man kann
es kaum für möglich halten, dass in unserer
musik- und „sangesfrohen" Zeit der Schöpfer
von 200 Liedern, die nicht allein Zeugnis
von einer genialen Begabung geben, sondern
auch zumeist völlig ausgereifte Kunstwerke
sind, fast gänzlich unbekannt ist. Wolf fand
als Künstler einen neuen Stil, und das ist für
das Gros des Publikums, das schliesslich
doch über Ruhm und Popularität entscheidet,

immer etwas Unbequemes. Um diesen Stil,
diese „Wahrheit" zu verstehen und sich zu
eigen zu machen, dazu gehört immerhin eine
gewisse geistige Bewegung und Mitarbeit,
Faktoren, die nach den künstlerischen For-
derungen des allgemeinen Publikums durchaus überflüssig sind. — Inwiefern Wolf für
das Lied eine neue „Wahrheit" gefunden,
das zu untersuchen, soll der Zweck unserer
Zeilen sein.

Die knappe, streng gegliederte Form des
Volksliedes, wie wir sie mit wenigen Ausnahmen noch bei allen Liederkomponisten
vor Mozart und Beethoven finden, erfuhr
durch diese Meister grössere Erweiterung
und Vertiefung in formaler und musikalischer
Beziehung. Beide folgen den lyrischen
Stimmungen des Gedichtes in die feinsten
Züge und stellen sie vereinzelt musikalisch
dar. Das Gedicht in seiner Grundstimmung
musikalisch nachzuempfinden, vermögen sie
im allgemeinen nicht, weil ihnen die Fähigkeit fehlt, ihren musikalischen Ausdruck in
solcher Weise zu verdichten, wie dies die
Prägnanz des lyrischen Ausdrucks verlangt.
Das Lied erfordert, dass die Stimmungen
auf ihre Pointen zurückgeführt und nicht in
der reichen musikalischen Breite wiedergegeben werden, wie dies der Dramatiker Mo-

zart und der Symphoniker Beethoven gethan. Schubert besass in hohem Masse diese
Fähigkeit des Verdichtens seiner Gedanken,
deshalb war es ihm möglich, in der knappen
Form des Volksliedes intimste, das Einzelne
erschöpfende Durchdringung des Textes mit
tiefster musikalischer Ausprägung zu verbinden. Ihn trieb bei seinem Schaffen aber
in erster Linie die Begeisterung des Gesangs-
komponisten, der Wunsch, was bei einem
Gedicht empfunden wird, in erster Linie der
Singstimme zu geben; das Klavier ist bei
aller glänzenden Ausgestaltung doch fast aus-
schliesslich begleitendes Instrument und der
Singstimme untergeordnet.

Schumanns Liederkompositionen wurden
zunächst durch das Bestreben hervorgeruten,
den Inhalt des Gedichtes in allgemein-musi-
kalischer, weniger in gesanglicher Beziehung
wiederzugeben. Das Klavier gewinnt bei
ihm an Selbständigkeit und ist unabhängig
von der Singstimme mit thätig bei der Cha-
rakterisierung des Textes. Schumann
schwankte zwischen beiden Ausdrucksweisen,
seine Behandlung ist weder das eine noch
das andere ganz, sie tritt aus der Sphäre
absolut musikalischer Auffassung heraus,
ohne die neue Ausdrucksweise zu erreichen.
Und so ist es mit der grossen Zahl von

Liederkomponisten, die nach Schubert und Schumann produktiv thätig waren: Mendelssohn, Franz, Brahms, Jensen etc etc., sie haben zum Teil bedeutende musikalische Gebilde geschaffen, aber ohne in Bezug auf rein musikalische Erfindung und Durchdringung des Textes ihre Vorbilder zu erreichen oder irgendwie neue Wege für das Lied zu finden.

Erst Hugo Wolf hat sich von jeder formalen und musikalischen Fessel befreit und auf Grund der Wagnerschen Musikdramatik, bei der Orchester und menschliche Stimme völlig unabhängige, gleichberechtigte Faktoren sind, eine neue Ausdrucksform für das Lied gefunden. Wolf gehört übrigens nicht zu den komponierenden Wagnerianern, die dem Meister einige harmonische Gänge und melodische Eigentümlichkeiten abgesehen haben, nein, er hat das „Wahre“, Wesentliche und Lebendige seiner Kunst ganz in sich aufgenommen und zu neuem Ausdruck erhoben. Für Wolf ist mit Wagner die Dichtung alles, und die Musik nur insofern von Interesse, als sie diese zu erhöhter Ausdrucksfähigkeit zu bringen vermag. Wolf ist, so sonderbar das klingen mag, eigentlich gar nicht als Komponist thätig, die musikalischen Gedanken als solche haben für ihn.

absolut betrachtet, gar kein Interesse, sie sind ihm stets nur Mittel, Mittel, um die Wirkung der Dichtung zu erhöhen. Er erforscht mit einem unvergleichlich feinen Gefühl die zartesten, intimsten Empfindungsgänge der Wortdichtung und bringt sie zu tönendem Ausdruck. Nur denke man sich nicht, dass er für jedes Detail, jede Stimmungsnuance den speziellen musikalischen Ausdruck bringt, nein, er findet bei jedem Gedicht mit einem bis dahin noch nicht dagewesenen Nachempfindungsvermögen den Stimmungskern, den Grundton, der sich für ihn sofort in ein musikalisches Motiv umgestaltet, das in denkbarster Sicherheit und Klarheit diesen Stimmungskern in die Sprache der Musik übersetzt. Dieses Motiv beherrscht das ganze Lied, es wird, um den verschiedenen Stimmungsnuancen des Gedichts gerecht zu werden, in symphonisch-thematischer Weise durchgeführt und umgestaltet. Die Bedeutung und Plastik der Motive verbindet sich dabei mit meisterhafter kontrapunktischer Arbeit, aber nichts ist im schlimmen Sinne des Wortes gearbeitet, alles ist sinnlich empfunden und künstlerisch frei gestaltet. Die Details des Satzes sind stets geistvoll und interessant, die Harmonie ist neu und kühn, die Melodik breit und von edlem Schwunge, die Deklamation tadellos, sinngemäss, ohne von kleinlichen Silbenrücksichten beeinflusst zu werden.

Wolf schreibt seine Lieder für eine Singstimme und Klavier, nicht mit Klavierbegleitung, beide sind gleichberechtigt, keins dem anderen untergeordnet: das Klavier verarbeitet die Motive in der eben angedeuteten Weise, die Singstimme deklamiert dazu in freiem melodischen Stil. Durch diese Emanzipation des Klaviers von der Singstimme vermag der Komponist die sich verschlingenden und verzweigenden Fäden des Textes in einem gemeinsamen Empfindungsuntergrund festzuhalten und dadurch eine noch intensivere Gesamtstimmung zu bewirken, als dies dem Dichter möglich war. Bei aller Klangfülle ist der Klaviersatz doch nie so gearbeitet, dass die Singstimme gedeckt wird und nicht zur vollen Geltung zu kommen vermag; auch machen diese Lieder nicht, wie es vielleicht den Anschein hat, den Eindruck abgerissener dramatischer Szenen, es sind wirkliche Lieder, festgefügte Stücke von ausserordentlicher formaler Geschlossenheit.

Bei der Durchsicht der Wolfschen Kompositionen — er hat 53 Lieder von Mörike, 51 von Goethe, 20 von Eichendorff, 54 aus

dem spanischen und italienischen Liederbuche von Geibel, Heyse und noch 18 ver-
schiedener Dichter herausgegeben — muss
man zunächst erstaunt sein über die Vielseitigkeit der Begabung, die den Komponisten befähigt, alle Seiten dichterischen
Empfindens in gleich meisterhafter Weise
zum Ausdruck zu bringen. Er ist eine Pro-
teusnatur von staunenswerter Wandlungsfähigkeit. Stets nur Interpret des dichterischen Gehaltes, vermag er in diesem so
aufzugehen und musikalisch so nachzuempfinden, dass es ihm möglich ist, alle Phasen
vom ausgelassensten Humor bis zum tiefsten
Mysticismus, von der zartesten Innigkeit bis
zur glühendsten Sinnlichkeit mit genialer
Sicherheit in die Sprache der Musik zu
übersetzen. — Wolf hätte seine eigentümlich
intensiven künstlerischen Wirkungen, die man
nicht musikalische und auch nicht dichterische
nennen kann, die eben nur durch die absolute Verschmelzung von Wort und Ton entstehen, nie nur vermittels seiner komposi-
torischen Fähigkeiten erzielen können; mit
diesen verbindet er das subtilste Verständnis
und Nachempfindungsvermögen aller Lyrik
und einen merkwürdigen „Witterungssinn"
für den musikalischen Kern auch des an-
scheinend sprödesten Stoffes. Die Tiefe der

geistlichen Volkslieder aus dem spanischen
Liederbuche, einiges von Keller wird durch
diese Musik erst ganz verständlich. Ich
meine natürlich, nur in Bezug auf den Stim-
mungsgehalt, denn Gedanken und That-
sachen klarer zu gestalten, dazu hat die
Musik keine Macht. — In dieser rein inter-
pretierenden Schaffensweise liegt auch die
Grenze von Wolfs Begabung. Er würde
sich nie von einem mangelhaften Gedicht,
das in seinem Ausdruck matt ist, zur Komposition begeistern lassen und ihm wie Schubert Adel, Schwung, Gewalt des Ausdrucks,
blendenden Glanz verleihen können. Seine
Produktion wird nur durch wirklich gehalt-
reiche Gedichte angeregt, deren Ausdruck
er freilich in denkbar individuellster Weise
zu potenzieren vermag, er kann nachdichten,
aber nur bedingt neu schaffen. Mit Schubert
als Musiker, als „Komponist“, lässt sich
Wolf nicht vergleichen, wohl aber kommen
seine besten Lieder denen Schuberts an Bedeutung gleich. Was ihn so gross macht,
ist die Vielseitigkeit seiner geistigen Fähigkeiten.

Rein musikalisch kann man Wolf ebenso
wenig beurteilen wie Wagner, Berlioz und
Liszt. Wir wollen auch nicht untersuchen,
inwieweit seine Art und Weise, zu schaffen,

vom Standpunkt der absoluten Musik aus ästhetisch berechtigt ist. Das wäre auch wohl eine etwas altmodische Art, über einen Künstler klar werden zu wollen. Wolf ist eine Individualität, die sich nach der Eigentümlichkeit ihrer Begabung künstlerisch mitteilt und damit wirklich grosse, fremde Emotionen erzielt, und das ist der beste Beweis für künstlerische Bedeutung.

(Allg. Kunstchronik.
1894, Heft 23.)

Ein neuer Liederkomponist.

Von

Paul Müller (Berlin).

———

In der Entwickelung der Kunst des ge-
sungenen Wortes lassen sich deutlich
zwei Richtungen verfolgen. In der ersten,
älteren lässt der Komponist den Stimmungs-
gehalt der Dichtung auf sich einwirken und
erfindet eine Weise, die jenem entspricht,
unbekümmert darum, ob im einzelnen Wort
und Weise sich decken. Die Vertreter der
jüngeren Richtung legen das Hauptgewicht
auf die richtige Deklamation des Gedichtes
und betrachten als erstes Erfordernis der
Tonweise, dass sie dem Wortlaute des Textes
bis in die feinstenSchattierungen gerecht werde.
Es erscheint ihnen als einePietätlosigkeit gegen
ihren Dichter, um einer glücklich erfundenen
Melodie willen dem Texte im Geringsten Gewalt anzuthun. Jenen ist die Melodie die

5*

Hauptsache, diesen der Text. Der Histo-
riker J. G. Droysen, der sich auch als
genialer Uebersetzer des Aristophanes einen
Namen gemacht und der manches stimmungs-
volle Gedicht geschaffen hat, hat mit seinem
Freunde Felix Mendelssohn öfters zu einer
Melodie, die ihm dieser gebracht, nachträg-
lich den Text gemacht. Bei Mendelssohn,
dem Komponisten der Lieder ohne Worte,
wird eine solche Erscheinung nicht allzu sehr
in Erstaunen setzen. Wie Mendelssohn auch
sonst mit Dichtertexten umgegangen ist,
brauchen wir Kundigen nicht zu sagen. Dass
er in dem Lenauschen Herbstlied aus „welkes
Laub und welkes Hoffen" „neues Laub und
neues Hoffen" macht und so dem ganzen
Gedicht den Hals umdreht, dass er in Goethe's
„Und frische Nahrung, neues Blut" die
wunderbare letzte Strophe weglässt, solche
Vorkommnisse werden erraten lassen, wie er
im Einzelnen das Verhältnis von Ton und
Wort gestaltet. Aber auch grössere Liederkomponisten legen zuweilen gegen die einfachsten Deklamationsgesetze eine Nicht-
achtung an den Tag, die geradezu erstaunlich ist. Sie deklamieren im Gesange nicht
wie verständige Menschen, sondern wie
Kinder, die Verse skandieren lernen sollen.
Als Beispiel wähle ich das in dem Treffen

der Grundstimmung des Gedichtes bewunderungswürdige Lied Schuberts aus der Winterreise: „Das Wirtshaus." Das Gedicht beginnt:

Auf einen Totenacker
Hat mich mein Weg gebracht.

Wer das Gedicht vorliest, wird natürlich den Hauptton auf die Silbe „Tot" legen. Schubert deklamiert: Auf einen Totenäcker, als ob betont werden sollte, dass es ein und nicht zwei Aecker sein und als ob es sich nicht um einen Totenacker, sondern um einen toten Acker handle.

Dass wir Jüngeren gegen diese Art von Verunstaltung einer Dichtung durch die musikalische Deklamation so empfindlich geworden sind, ist eine der Wirkungen, die Richard Wagner ausgeübt hat; die Worte Hans Sachsens in den „Meistersingern": „Mich dünkt, 's sollt' passen Ton und Wort" können als Motto der neuen Richtung gelten.

Freilich haben schon vor und neben Wagner andere Komponisten in ähnlicher Weise gestrebt, der Bedeutung des Wortes im Gesange gerecht zu werden: in erster Linie der Balladenkomponist Karl Löwe, dessen Werke infolge des Durchdringens der Wagnerschen Prinzipien zu neuem Leben

erwacht sind, und Robert Franz, dessen
Sympathie für Richard Wagner bei völlig
verschieden gearteter musikalischer Individualität sich aus den gleichen Grundan-
schauungen über das Verhältnis von Ton und
Wort erklärt. Auch Tondichter wie der
jung verstorbene hochbegabte Hugo Brückler
und der noch lange nicht nach Verdienst
gewürdigte Peter Cornelius wären hier zu
nennen. Der Genius aber, der berufen
scheint, ausgestattet mit reichster Erfindungskraft und im Vollbesitz der durch Wagner
so gewaltig gesteigerten musikalischen Ausdrucksmittel, für die Entwickelung des Liedes
das zu leisten, was der Meister von Bayreuth
für das Tondrama geschaffen hat, ist erst in
den letzten Jahren hervorgetreten: Hugo
Wolf.

Sein Name begegnete mir vor etwa drei
Jahren zum ersten Mal in einer Berliner
Zeitung, in der ganz kurz angegeben war,
Herr Wolf werde nächstens in einem Lieder-
abend eigene Kompositionen nach Gedichten
von Eichendorff, Mörike, Goethe, Gottfried
Keller und Nachdichtungen Geibels und
Heyses aus dem Spanischen vorführen. Was
mir zunächst auffiel, war die Vornehmheit
der Dichternamen. Endlich einmal ein Komponist, der nicht Plattheiten der Butzen-

scheibenpoesie, nicht Treibhauserzeugnisse einer krankhaft erhitzten Phantasie bringt, sondern der, aus dem Jungbrunnen unserer edelsten Liederdichter schöpfend, seiner Erfindungsgabe bedeutungsvolle und schwierige Aufgaben stellt.

Noch an demselben Tage erhielt ich eine Karte von einem musikalischen Freunde, der mir mitteilte, Wolf werde im Saale bei Duysen einem kleinen Kreise Sachen von sich vorführen. Wenn es mir Freude mache, solle ich kommen.

Ich kam der Einladung nach und lernte einen jungen Mann von etwa dreissig Jahren kennen, klein, lebhaft, mit unverkennbar österreichischem Dialekt, von naiv selbstbewusstem Wesen, kindlich, zutraulich, wo es Verständnis und Liebe ahnte, sacksiede· grob jedem anmasslich gönnerhaftem Auftreten gegenüber. Zunächst trug ein Tenor singender Herr eine Anzahl Lieder vor, korrekt und langweilig. Dann musste er weg, und nun trug Wolf, der bis dahin nur, allerdings wundervoll, begleitet hatte, seine Sachen selbst vor. Zunächst las er die Gedichte, im schönsten Grazer Dialekt, aber so von innen heraus empfunden, dass nur einem ganz thörichten Menschen die Sache hätte komisch erscheinen können. Nach dem

Moerike'schen „In ein freundliches Städtchen
tret' ich ein," wandte er sich an uns: „Ist
das Gedicht nicht zum Heulen schön?" Und
nun fing er an zu singen. Er hatte weder
Stimme noch Schulung, und doch: die
Wirkung des Liedes war eine unsagbare.
Gemächlich wandernd beginnt der Vortrag.
Aber heller und heller jubeln die Gold-
glockentöne des singenden Mädchens, tiefer
und tiefer scheint der Abendsonne Roth
die Harmonien zu durchdringen, bis in den
Worten:

> „O Muse, Du hast mein Herz berührt
> Mit einem Liebeshauch"

sich das lustbeklommene Herz in jubelndem
Ausruf Luft macht. Dann verhallen die
Schritte und wie aus weiter Ferne tönt uns
zum Schluss noch einmal das Motiv des
Liebeshauches zurück.

Und so zogen sie nacheinander vorüber,
die Gestalten und Bilder, Körper und Leucht-
kraft durch die Musik gewinnend, Eichen-
dorffs Landsknechtspaar, der Schrecken-
berger und sein Kumpan, der Glücksritter,
beide durch dasselbe melodische, nur rhyth-
misch und harmonisch veränderte Motiv
köstlich individualisiert, Anakreons Grab mit

der wunderbar zum Ausdruck gebrachten
unchristlichen Friedhofsstille, die Geister vom
Mummelsee, die in feierlichem Trauermarsch
den alten König, den Zauberer, zu Grabe
tragen, dann wieder die von der Charwochen-
stimmung gedämpfte Frühlingsfeier der Natur,
die köstlichen heiligen drei Könige, ein
Prachtstück kindlich naiven Humors, der
alte Mann, der vor dem Hause, aus dem
man einst seine junge Liebe hinausgetragen
hat, einen Studenten ein Ständchen bringen
hört und zum Schluss der grausige Feuerreiter, der unter den Trümmern der brennenden Mühle begraben, nach Jahren als Ge-
rippe auf der beinernen Mähre sitzend, an
der Kellerwand gefunden wird:

„Husch! da fällt's in Asche ab!"

„Jetzt will ich Ihnen etwas singen, da
sollen Ihnen die Haare zu Berge stehen,"
hatte Wolf vorher zu uns gesagt. Und
allerdings gehört dieses Werk, das der
Komponist später für Chor und Orchester
bearbeitet hat, zu dem Grausigsten, was in
der Musik je zur Darstellung gelangt ist.
Wie kommt die leise beginnende Unruhe in der
Menge, die den Feuerreiter mit der roten Mütze
unruhig am Fenster auf und ab gehen sieht,

wie der gellende Schreckensruf zum Ausdruck:

Hinterm Berg, hinterm Berg
Brennt es in der Mühle.

Und nachher das Ausklingen des Feuerglöckleins, die Heimkehr der Leute. Der Schluss ist geheimnisvoll erzählend im Romanzenton gehalten; unheimlich wirken die dumpfen Schläge in der Begleitung zu den Worten: „Husch, da fällt's in Asche ab." Das langsam gehaltene Feuerglockenmotiv zu den Worten:

„Ruhe wohl, ruhe wohl
Drunten in der Mühle!"

beschliesst das Ganze.

Ich ging mit einer Fülle von unmittelbaren Eindrücken nach Hause, wie mir seit dem Kennenlernen der späteren Werke Richard Wagners nicht wieder begegnet war. Hugo Wolf habe ich nicht wieder gesehen; aber ich kaufte mir sofort seine sämtlichen Kompositionen und lebte mich im monatelangen Studium in einen grossen Teil derselben so hinein, dass sie mir zu liebem, dauerndem Besitze geworden sind.

Wolf hat bisher nur Lieder veröffentlicht, aber in kurzer Frist eine geradezu erstaun-

liche Produktivität entwickelt. Abgesehen
von zwei Heften meist früher entstandener
Lieder hat er in den vier Jahren von 1887
bis 1890 geschaffen: Gedichte von Eichendorff (20), Mörike (53), Goethe (51), Keller
(6), das Spanische Liederbuch nach Geibel
und Heyse (44), des Italienischen Liederbuches nach Heyse ersten Teil (22), mit den
früher entstandenen 12 zusammen 208 Num-
mern, fürwahr, eine Fruchtbarkeit, die an
Franz Schubert erinnert.

Wolf gehört zu den Komponisten, die,
wie auch Richard Wagner, Robert Franz,
Karl Löwe, eine Anregung für ihr musikalisches Schaffen durch eine bestimmte ausser-
musikalische Vorstellung verlangen. Ist diese
aber einmal gegeben, so reagiert die musikalische Erfindungskraft mit unbedingter
Treffsicherheit. Vergleicht man die Musik
zum Tristan mit der zu den Meistersingern,
jene nervös überreizt, diese kerngesund, so
möchte man nicht glauben, dass derselbe
Meister beide Werke unmittelbar nacheinander geschaffen hat. Die Verschiedenartigkeit der Musik erklärt sich aus der des
Stoffes. Für jedes seiner Werke hat Wagner
einen eigenen Stil geschaffen, die alle freilich das Gepräge ihres Schöpfers tragen. So
auch bei Wolf. Die Mannigfaltigkeit der

Erfindung ist geradezu erstaunlich. Man betrachte z. B. nacheinander „Das Waldmädchen" (Eichendorff), „Grenzen der Menschheit" (Goethe), „Wie glänzt der helle Mond" (Keller), „Nun wandre Maria" (Spanisches Liederbuch) und „An eine Aeolsharfe" (Mörike) und man wird durch diese beliebig herausgegriffenen Beispiele eine Vorstellung von der Wandlungsfähigkeit des Wolfschen Genius bekommen. Weit entfernt, dass die Fantasie des Komponisten durch den Text eingeengt werde, sie kommt durch ihn erst zu voller Entfaltung, wie umgekehrt die Gedichte durch die Komposition erst in ihrem tiefsten Gehalt erschlossen werden.

Diese Treffsicherheit in der Erfindung der musikalischen Motive macht die Genialität Wolfs aus; so etwas lässt sich nicht lernen. Aber auch Alles, was gelernt werden kann und gelernt werden muss, hat Wolf sich in vollem Masse zu eigen gemacht. Dass er sich alle Ausdrucksmittel der neueren Musik bis zur souveränen Beherrschung angeeignet hat, ist bereits erwähnt. Der Deklamation ist die peinlichste Sorgfalt gewidmet, der Klaviersatz seiner Begleitungen muss das Entzücken jedes tüchtigen Klavierspielers sein.

Ja, höre ich meine Leser fragen, wenn der Mann so Erstaunliches geleistet hat, woher kommt es denn, dass man so wenig von ihm weiss? Daran sind die verschiedensten Ursachen schuld. Zunächst einmal hat es lange gedauert, bis sich ein Verleger gefunden hat, seine Werke zu drucken. Dann kommen die Kritiker. Was haben diese unglückseligsten aller Menschen, die für das, was sie gesündigt haben, durch ihren Beruf genug gestraft sind, nicht zu thun! Wo sollen sie denn die Zeit hernehmen, sich einmal mit Ruhe in eine neue Individualität zu versenken? Wenn heute ein paar Kompositionen von einem jungen Meister zur Aufführung gelangen, so soll morgen eine Kritik in der Zeitung stehen. Und wenn diese Persönlichkeit nicht die ausgetretenen Pfade wandelt, so heisst es im besten Falle: interessant nicht ohne Talent, aber — furchtbar gesucht, unnatürlich u. s. w. Ausnahmen bestätigen bekanntermassen die Regel.

Die Sänger. Ja, die Sänger! Wie viele giebt es denn, die musikalisch genug gebildet sind, um ohne Hilfe ihres Begleiters ein Lied kennen zu lernen. Und welche Rücksichten glauben sie nicht nehmen zu müssen! Ist das Lied „dankbar"? Nein. Also nicht zu brauchen. Und selbst die Besten unter ihnen lassen sich oft durch Bedenken des musikalischen Standpunktes z. B., verleiten, Sachen, die der Beachtung höchst würdig sind, von der Hand zu weisen. Oder sie haben auch Angst vor ihren Kritikern.

Und nun endlich die objektiven Schwierigkeiten. Wolfs Kompositionen sind schwer, schwer zu singen, schwer zu spielen, überhaupt sehr schwer darzustellen. Man glaube nicht, wenn man Wagner kennt, ohne Weiteres mit Wolf fertig werden zu können. Wolf ist durchaus original, in Melodik und Harmonik neu und kühn. Aber es lohnt sich reichlich, einen Versuch zu machen. Man habe nur Geduld, man lasse die Sachen rein auf sich wirken. Man verschliesse sich nicht absichtlich. Man glaube nicht, von vornherein ein Urteil aussprechen zu müssen. Man stehe sich nicht selbst im Lichte.

Um aber nicht bloss Allgemeines zu bringen; man fange mit den einfacheren Liedern an: Eichendorff vielleicht zuerst: Der Freund, Der Musikant, Verschwiegene Liebe, Ständchen; dann Mörike: Das verlassene Mägdlein, Verborgenheit, Elfenlied, Um Mit-

ternacht, Gebet; dann zu Goethe: Ratten-
fänger, Epiphanias, Anakreons Grab. Später
die grossen Sachen: Eichendorff: Waldmädchen, Seemanns Abschied; Mörike: Aeolsharfe, Auf einer Wanderung; Goethe: Hatem
und Suleika, („Nicht Gelegenheit macht
Diebe" und „Hochbeglückt in Deiner Liebe")
Prometheus, Ganymed und „Grenzen der
Menschheit"; nicht zu vergessen die wunder-
vollen Kellerschen Gedichte, deren letztes
„Wie glänzt der helle Mond" zu den tief-
empfundenen und erfundenen Schöpfungen
des Meisters gehört. Zuletzt die Kompositionen aus dem Spanischen und Italienischen
Liederbuch, deren zum Teil exotisch-fremd-
artiger Character eine grössere Vertrautheit
mit der Eigenart Wolfs erfordert. Hingewiesen sei hier nur auf „Nun wandre
Maria", dann „Sagt ihm, dass er zu mir
komme" und „Geh', Geliebter, geh' jetzt."
Noch eine Erinnerung zum Schluss. Jeder
grosse Künstler hat das Bedürfnis, mit seinen
Schöpfungen einen Widerhall zu wecken in
verständnisvollen Herzen, Anerkennung zu
finden, um Mut zu fassen zu neuem Ringen
nach dem Ideal der Kunst. Nicht Jeder hat
die eiserne Widerstandskraft Richard Wagners, der seine Nibelungenpartituren zwanzig
Jahre im Pult verschlossen hielt, mancher

grosse Künstler ist zu Grunde gegangen an der Teilnahmlosigkeit seiner Zeitgenossen. Es wird Zeit, dass Hugo Wolfs Name genannt werde neben den besten.

(Hannoverscher Courier. 1894. No. 19 241.)

Der Corregidor.

Oper in 4 Akten von Hugo Wolf.
Text nach einer Novelle des Alarcon von
R. Mayreder-Obermayer.

Von

Edmund Hellmer (Wien).

———

Im Frühling dieses Jahres gelangte in
Mannheim eine Oper zur ersten Aufführung: „Der Corregidor" von Hugo
Wolf. Ganz ohne vorhergegangene Reklame,
kaum hier und dort eine bescheidene An-
kündigung in den Tagesblättern. Dazu am
Ende der Theatersaison und nun in Mannheim, da draussen „im Reich". Trotzdem
gelang es dieser Aufführung, die Anregung
zur Beachtung einer eminent künstlerischen
Erscheinung zu bieten. Man begann von der
Oper zu sprechen, sich für sie zu inter-

essieren, man fordert heute immer eindringlicher, unabweislicher ihre Aufführung an
einer grossen Bühne. Warum wir in Wien bisher hinter einer
kleinen deutschen Stadt zurückstehen? Das
liegt „in den Lokalverhältnissen". Die moderne Grossstadt ist kein guter Boden für
ein liebevolles Befassen mit ernsten Kunstwerken. Es fehlt ihr die glückliche Ruhe
in dem täglichen Wechsel von Arbeit, Er-
müdung und Vergnügen. Die kleinen Verhältnisse gerade sind es, die die richtige
Musse erzeugen, sich mit Kunstwerken zu
befassen, die noch nicht allgemein appro-
biert sind. Und Mannheim weist typisch
diese Verhältnisse auf, wie es dieselben schon
äusserlich repräsentiert: eine kleine Stadt
mit nüchterner, schachbrettartiger Bauart,
die so recht die geregelte, praktische
Lebensführung seiner Bewohner manifestiert.
Dabei besitzt es immerhin sein altberühmtes
Theater, den Stolz und die Freude der
Mannheimer, und in der Umgebung liegt der
reizende Park von Schwetzingen mit seinem
Trianonschlösschen hinter einer Eichengruppe
und den Nymphen- und Tritonengruppen im
Berninistil als Zeugen eines altbewährten,
vornehmen Kunstsinnes der Mannheimer.
Und den haben sie auch durch die Erst-

aufführung des „Corregidor" neuerlich bewiesen.

* * *

Es war kein Erfoig, der die Massen bewegt. Dazu hascht die Musik Wolf's zu wenig nach billiger Schönheit und niederem Sinnenreiz. Sie schmeichelt nicht, sie sucht nicht zu überreden. Sie ist stolz. Aber man vernahm auch kein wildes „Feldgeschrei", wie es sich um das Werk eines Stürmers und Drängers erhebt, das durch unartige Genialität den Einen abstösst wie es den Anderen enthusiasmiert, das Begeisterung weckt und Widerspruch in einem Atem. Alles in Allem war es die glückliche, dankbare Freude der Verständigen an schöner Vollendung.

Also nichts Polemisches fand sich in der neuen Oper! Nichts, was die Erinnerung an das „in tyrannos" wachrufen wollte. Und doch lag so viel Neues, Bahnbrechendes in ihr. Wir vernahmen zum ersten Male eine musikalische Sprache, die uns an unsere eigene Rede erinnerte, so erinnerte, dass wir erstarrten. Die Rede, die wir sprachen, schien potenziert. Aber nicht die Rede des Affektes, in der wir uns selbst gerne sprechen hören, schien es zu sein. Es war, als seien

wir belauscht worden, wann wir auf uns
nicht Achtung gegeben hatten. Es war die
gewöhnliche Rede samt all ihren konven-
tionellen, unschönen und doch starken, tiefen
Tonfällen. Wir fühlten uns förmlich geniert.
. . . . Und dann begriffen wir, wie diese
Musik irgend wie zu unserem innersten
Wesen gehöre, wie sie ein Bestandteil von
uns sein müsse. Der grosse erlösende
Schritt, den wir mit Wagner von dem „re-
citativo secco" zur musikalischen Deklamation gethan hatten, führte uns noch nicht zu
Wolf. Es war eine intimere, intimste
Sprache, die zu uns redete. Es war nicht
das musikalische Pathos Wagners, eher der
modernisierte musikalische Konversationston
des „Figaro."

Schon an seinen Liedern liebten wir
diese zur Musik umgewertete Sprache. Sie
entzückten, wo sie verstanden wurden. Dass
er es unternehmen würde, eine Oper in
diesem Stile zu schreiben, wir wünschten es
sehnsüchtig, wir wagten es nicht zu hoffen
und erwarteten es doch so zuversichtlich.
Es war so selbstverständlich, dass ihn diese
seltenste Fähigkeit neuer Ausdrucksform auf
ein Gebiet drängen musste, auf welchem sie
sich ausleben konnte.

Es ist in dieser Hinsicht lohnend, an den

Liedern zu studieren, wie sich sein naives Künstlertum fortentwickelte und weiterbildete, bis es sich „reif“ fühlte, eine Oper zu schreiben. Von dem einfachen Text mit Handlung und Stimmung wendet sich seine Vorliebe immer mehr und mehr ab. Das Streben ist nicht zu verkennen. Er will unmittelbarer sich mitteilen. Er will sich mit dem „Empfindenden“ identifizieren. Daher die Vorliebe für eine höchstsubjektive Lyrik, die die Ichform gebraucht, die Situationen voraussetzt mit einem förmlichen Schauplatz und einer auftretenden Persönlichkeit. Man sieht, wie nahe wir der Szene sind. Aber er geht noch weiter. Er hat einige Gedichte aus dem „Buch Suleika“ komponiert. Hatem und Suleika lösen sich in der Liederreihe ab. Es ist leicht genug, hier bereits die Anbahnung einer Dialogisierung einzusehen. Umsomehr, als über allen Liedern das gleiche einheitliche musikalische Kolorit liegt, eine Art Landschaftszauber, der uns etwa eine schöne, freie Region am Euphrat einbildet, mit schöngewachsenen Cypressen und geblumten Wiesen: die Szenerie, in der sich die beiden Figuren bewegen. Diese unmittelbare Lebendigkeit der Darstellung erschien noch gesteigert in seinem spanischen und italienischen Liederbuche. In den Texten derselben, wie sie dem deutschen Publikum in der geschmackvollen Übertragung Heyse's und Geibel's vorlagen, fand er noch mehr, was er suchte. Sie waren in noch höherem Grade monologisierend, die szenische Imagination war noch eindringlicher. Zudem ist die südliche Empfindungswärme lebhafter in Rede und Gegenrede, sie apostrophiert leichter, antwortet ohne gefragt zu sein, und frägt, ohne die Antwort abzuwarten. Es waren förmliche kleine „Soloszenen", und jede einzelne derselben ist in der Komposition zu einer kleinen Oper geworden, alle zusammen eine umfassende Opernstudie.

Gleichzeitig aber hatten ihn diese Texte hinsichtlich des Inhaltes seiner Oper beeinflusst. Die Poesie der „Liederbücher" hat etwas Schalkhaftes an sich. In ihr paart sich das tiefste Gefühl mit einem graziösen, leichtfertigen Witz. Sogar die Tragik hat ihre hyperbolische Pointe. Ähnliches aber lebt in all den alten spanischen Geschichten und Histörchen, von denen ihn schliesslich eines in der feinen Wiedergabe Alarcon's zur Oper anregte. „Die Grundlage der Erzählung," schreibt Alarcon in seiner Vorrede, „ist in jedweder Version dieselbe: tragikomisch, spöttisch und entsetzlich epigrammatisch, wie alle dramatischen Morallehren,

für die sich unser Volk begeistert." Sicher-
lich nimmt die Erzählung von dem Corregidor und der Müllerin oder auch von dem
Müller und der Corregidora den denkbar
richtigsten Anlauf zur Tragödie. Wenn der
Müller sein Weib von dem Corregidor ent-
ehrt glaubt und den alten hochschultrigen
Wüstling erschiessen will, so ist der Ernst
der Situation aufs Äusserste gesteigert. Nur
folgt auf die Gespanntheit nicht die Katastrophe.
An ihre Stelle tritt im letzten Momente die
Reflexion:

> „Aber welche Rache? Welche?
> Wenn ich? Nein, so geht es nicht!
> Aber seine Frau? Auch sie
> Ist ja eine schöne Frau!
> Und auch ich hab' einen Buckel!
> Ha, ha!
> Ja, das ist sublim, entzückend!
> Das soll meine Rache sein "

Er zieht die Kleider des Corregidors an
und geht auf die Stadt zu, indem er sich
genau in derselben Weise wiegt, wie der
Corregidor es zu thun pflegt, von Zeit zu
Zeit wiederholend:

„Auch die Corregidora ist reizend!"

Ein derartiger Stoff passte zu ihm, er
musste zu ihm passen, denn er war nicht
durch den Zufall auf ihn geführt worden, er

hatte sich ihm in eigenster Selbstentwicklung
schrittweise genähert. Seine Eigenart brauchte
keine Konzessionen zu machen. Sie brauchte
sich nicht zum sentimental Verzärtelten zu
zwingen, um ihre Sensibilität zu zeigen, sie
brauchte sich nicht melancholisch-verdüstert
zu drapieren, um die grandiose Wut ihres
Temperamentes zur Geltung zu bringen.
Aber auch die vollblütige Heiterkeit, die den
Grundzug seines Wesens ausmacht, kam auf
ihre Rechnung. Selbst das, was Alarcon
das Epigrammatische an dem Stoff nannte,
sagte ihm zu. Auch seine Kunst hat nichts
Weitschweifiges, Ausmalendes. Er ist am
liebsten knapp, im musikalischen Ausdruck
konzis und präzis. Er wird niemals breit
und lehrhaft, als wolle er um jeden Preis
verstanden sein. Seine Musik scheint sich
— wie er selbst — wenig drum zu küm-
mern. Freude, künstlerisch zu gestalten, das
ist die Formel, die auf ihn passt. Der
Typus ist uns beinahe verloren gegangen.
Wir hatten seit Jahrzehnten andere Künstler,
andere Kunstwerke. Das Kunstwerk war
ein Schmerzenskind, man merkte ihm immer
den psychischen Vorgang an, der zu seiner
Abfassung angeregt hatte. Daher der un-
trennbare Zusammenhang, in dem dieses
Kunstwerk mit seinem Schöpfer blieb. Bei

Wolf ist nichts von dem zu spüren. Er steht nicht inmitten der Stimmung, die ihm die Anregung bringt, er steht über ihr. Daher ist der Eindruck, den seine Musik macht, absoluter, reiner, gesünder. Es ist vielleicht die „gaya scienza" in ihr, jene übermütige Geistigkeit, die Nietzsche von der Musik forderte.

(„Deutsche Zeitung."

1896.   No. 8962.)

Hugo Wolf.

Von

Dr. Grunsky (Stuttgart).

Wenn man erkennt, dass die Musik der modernen Völker sich mit ähnlicher Folgerichtigkeit zu der heutigen Grösse entwickelt hat, wie das antike Drama aus unscheinbaren Anfängen emporwuchs, dann könnte man es verwunderlich finden, dass der Fortschritt der musikalischen Entwicklung gerade bei Fachmännern oft auf die geborenen Feinde traf. Denn entweder ist die Musik zum mindesten seit 200 Jahren degeneriert oder war ihre Pflege und Verbreitung Leuten anvertraut, die schlechten Gärtnern gleich in einer neuen Knospung nicht die kommende Blüte, sondern einen ungehörigen Auswuchs entdeckten. Das ist doch ein heikles Dilemma. Aber man lese z. B. in

Thayers Beethovenbiographie die zünftigen
Urteile, denen sich das Genie unterworfen
sah, um sich dafür zu entscheiden, dass unsere Musik nicht degeneriert ist. In Hugo
Wolf erblicken nun viele eine neue Blume
am vielgestaltigen Organismus der Musik,
und es sei hier in Kürze auseinandergesetzt,
was zur Begründung dieser Ansicht dienen
soll. Goethe sagt in Wilhelm Meisters Lehr-
jahren (VII, 9): „Die Nachahmung ist uns
angeboren, das Nachzuahmende wird nicht
leicht erkannt." Dies gilt für jede Kunst.
Auch in der Musik ist die Frage nach den
Vorbildern die wichtigste. Wolf hatte den
glücklichen Instinkt, Wagner als seinem
Meister zu folgen. Was fand er an ihm
nachahmenswert? Nicht etwa, was die Ober-
flächlichkeit bei Wagner anstaunt oder an-
feindet, bunte Orchesterfarben, kühne Ton-
verbindungen und Tonfolgen, sondern fürs
erste die Art der Vereinigung von Musik
und Poesie, und zweitens die Formvollendung,
den Sinn für absolute künstlerische Einheit,
worin ja Wagner als der Grösste vor uns
steht. Musik und Poesie waren früher im
Lied und in der Arie so miteinander ver-
bunden, dass immer die Melodie die Hauptsache blieb. Ob sie von einem Saiten- oder
Blasinstrument, vom Klavier oder von der

menschlichen Stimme wiedergegeben wurde,
änderte an ihrem Charakter nichts. In die
Schönheit der Intervalle ergoss sich der
ganze Strom künstlerischen Lebens, und
wenn dadurch einerseits Herrliches zu Stande
kam, so wurde dafür die Ausbildung und Be-
nützung der anderen künstlerischen Ausdrucksmittel gelähmt wie den übrigen Glie-
dern eines Körpers die Kraft gemindert
wird, wenn das Blut nur wenigen zur Stär-
kung zufliesst. Wagner sagte sich, dass ein
musikalisch-poetisches Gebilde nur dann voll-
wertig und gesund sein könne, wenn jedem
Teil das ihm eigentümliche Leben und Ge-
deihen zukomme. In die Gesangsmelodie
durfte also nur soviel gelegt werden, als der
menschlichen Stimme natürlich war; das Orchester wurde als ebenbürtiges Ausdrucksmittel herangezogen, sintemal das gesprochene
oder gesungene Wort in keinem Fall den
poetischen Gehalt erschöpft, sondern von
einer Fülle unsichtbarer Zeichen umspielt
wird, deren Deutung am besten die Instrumentalmusik übernimmt. So gesellte Wagner
zu seinen der physiologischen Beschaffenheit
der Stimme abgelauschten Melodien die be-
redte Tonsprache eines ganzen Orchesters,
und erzeugte damit Wirkungen, die an Bestimmtheit und Nachhaltigkeit den Ein-

drücken des wirklichen Lebens um so näher
kamen, als die Mannigfaltigkeit der Ausdrucksmittel das Leben selbst reproduzierte,
worin ein Vorgang schwerlich je für einen
Sinn allein da ist und dennoch einheitlich
aufgefasst wird. Wolf hat nun für das Lied das Gesangs-
prinzip und die Technik der instrumentalen
Komposition von Wagner übernommen. Er
schreibt für eine Singstimme und Klavier,
welches jetzt noch und auf lange bei der
Gattung des Liedes das Orchester vertreten
muss. Der Klavierpart ist schwieriger als
bei den bisherigen Liedern, weil er den
Gesang eher fundamentiert als ausschmückt;
die Begleitung durch die Guitarre hatte bis
Schubert bei den Liederkomponisten als
historische Reminiszenz nachgewirkt. Ein
Klavier aber, das ein Orchester vertritt, muss
sinfonisch behandelt werden. In der That
unterscheidet sich Wolf von allen andern,
auch von Schubert und Schumann, dadurch,
dass die Themen des Klaviers von Anfang
bis zu Ende durchgearbeitet sind, indessen
sich über ihnen die Singstimme aufbaut. Die
Themen selber sind nicht bloss Bruchstücke,
Nachahmungen der Vokalmelodie, sondern
haben eigene Gestalt, wie denn auch bei
Wagner nur in besonderen Fällen ein Or-

chestermotiv der Singstimme zugeteilt ist.
Sänger, die freilich gewohnt sind, das Klavier als Lärmtrommel zur Herausforderung
des Beifalls anzusehen und während des
Vortrags den Klavierspieler durch zahllose
Willkürlichkeiten zu tyrannisieren, werden
von der Konsequenz, mit der Wolf das sin-
fonische Gewebe bis zum Schluss fortsetzt,
nicht sehr erbaut sein. Wagners Vorbild
hat, wie angedeutet, des Weiteren bei Wolf
den Sinn für Formvollendung und künstlerische Einheit gereift. Man höre doch,
mit welcher Schärfe die Grundstimmung
eines Liedes vom Klavier festgehalten wird.
Da giebt es kein Auseinandertreten in Ein-
zelheiten, sondern jeder Takt ist fest ins
Ganze gefügt, erhält Licht vom Vorher-
gehenden und wirft aufs Nachfolgende seine
Strahlen. Das Gedicht wird nicht in eine
unruhige Folge von Wort- und Tonmalereien
zerkleinert, sondern, wo Wendepunkte nötig,
in wenige Abschnitte geteilt, denen die Zu-
gehörigkeit zu einem Ganzen aufgedrückt ist.
Daraus folgen andere Vorzüge: Um einheitlich durchgearbeitet werden zu können,
müssen die Themen ebenso bestimmt als
biegsam sein. Darum sind auch Wolfs
Lieder so klar und dem Verständnis so
leicht zugänglich; es kann nur solchen, die

überhaupt auf innerliches Nachfühlen einer Stimmung verzichtet haben, die Behauptung einfallen, ihr Gehalt sei schwer zu erschliessen und nie populär zu machen. Was wäre denn ein Kunstwerk, das nicht einem sicher treffenden Pfeile gleich den Weg zu unserem Innersten sich bahnte, ehe der Verstand Zeit hat sich zu besinnen, woher der Pfeil kommt. Eine andere auszeichnende Eigenschaft der Lieder, welche tiefen, namentlich schmerzlichen Gehalt bergen, besteht darin, dass sie nicht zu jeder Zeit, an jedem Ort reproduziert werden können. Man war bisher gewohnt, auch ein trauriges Lied sich überall zur Lust vorzusingen, weil die stille Voraussetzung für jeden Gesang doch eine gute Stimmung war, die mit dem Schmerz spielen konnte, wie aber, wenn es Wirkungen der Musik gäbe, die nicht willkürlich, nur zum Spiel wiederholbar sind, sondern nur in geweihten Stunden sich einstellen, wenn Kunst und Leben ineinander fliessen? Darüber denke nach, wer diese Lieder beurteilen will.

Trotz aller Anfeindung ist eine kräftige Bewegung für Wolf im Gange; ihr Ziel ist, die Berufssänger zu nötigen, dass sie der Nachfrage nach den neuen Liedern genügen. Der Wolfverein in Berlin zählt schon über 100 Mit-

glieder, und es wäre nicht das erstemal in
der Musikgeschichte, dass gebildete Dilet-
tanten, denen die Kunst Lebensbedürfnis ist,
und die sich eher als die vielbeschäftigten
Berufsmusiker den Überblick über die musikalische Entwicklung sichern können, einem
Genie zur Anerkennung verhelfen.

(Schwäbische Chronik.
1897. No. 64.)

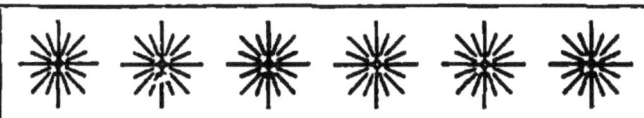

Hugo Wolf
der Begründer des neudeutschen Liedes.

Von

Ernst Otto Nodnagel (Berlin).

———

Einer der auffallendsten, schärfst profilierten Charakterköpfe in der gesamten Geschichte des deutschen Liedes, sowohl hinsichtlich seiner Bedeutung für die Fortentwicklung seiner Kunst, wie auch hinsichtlich des eigentümlichen, völlig neuen stilistischen Gepräges seiner Schöpfungen ist der Wiener Hugo Wolf, den man als den eigentlichen Begründer und bedeutendsten bisherigen Vertreter des neudeutschen Liedes betrachten muss.

Gewöhnlich hört man ja Franz Liszt als den Reformator des Liedes nach Wagners Prinzipien bezeichnen, doch, wie mir scheint, mit Unrecht. Zwar eine starke Befruchtung hat er ja unstreitig auch in seinen Liedern von dem grossen Freunde empfangen, allein so schön seine Gesangskompositionen grossenteils sind, etwas wesentlich Neues bieten sie kaum; vor allem lassen sie eine bewusste und konsequente Anwendung der Wagnerschen Stilprinzipien durchaus vermissen. Dabei ist auch der Umstand nicht ohne Einfluss, dass Liszt weder von Abstammung, noch in seinem Empfinden Deutscher war, sodass er allenfalls anregend auf die deutsche Produktion einzuwirken, nicht aber diese selbst durch eigenes Schaffen in neue Bahnen zu lenken vermochte.

Bei ihm findet sich sogar das vornehmste moderne Prinzip, das einer sinngemäss deklamierenden Führung der Singstimme, in einer seit Wagner nur noch dem Ausländer gegenüber verzeihlichen Weise vernachlässigt. Ausser den nicht seltenen deklamatorischen Monstrositäten, charakterisieren aber auch die häufigen Wiederholungen von Textworten, sowie die trotz ihrer hohen technischen Anforderungen untergeordnete Rolle des Klavierparts die Stellung von Liszts Gesangsschöpfungen höchstens als einen Uebergang zu neuen Schaffensgrundsätzen.

Nein, eine wirklich durchgreifende Umgestaltung der Liedform, eine konsequente

Uebertragung der von Wagner aufgestellten
Grundsätze auf den lyrischen Stil findet man
zuerst und am intensivsten in den Ton-
dichtungen Hugo Wolfs. Hier ist die quellende
melodische Erfindung durchgeistigt und steht
unter der strengen Kontrolle eines geläuterten
Geschmacks und eines scharfen, klaren, ziel-
bewussten Kunstverstandes, ohne dass man
je von „Grübelei" reden könnte, ohne auf-
dringliches Ueberwuchern der Reflexion.

Er ist der erste, der in der Liedform die
Erkenntnis bethätigt, dass eine Verschmelzung
von Poesie und Musik nur dann ästhetisch
möglich und berechtigt ist, wenn die von
Natur inferiore Kunst hinter der anderen
zurücktritt. Nur so lassen sich die Inter-
essen beider Künste ohne Schädigung ver-
einen; die Musik kann sich dann mit dem
ganzen Reichtum ihrer modernen Ausdrucksfähigkeit entfalten und vermag so der Poesie
zu vertiefter, gesteigerter Wirkung zu verhelfen.

Diesem neuen Prinzip gemäss war auch
eine neue Technik, ein neuer Stil notwendig.
Wolf, der die Energie besessen, seine künstlerische Reife im stillen Kämmerlein abzuwarten, erst nach voller Entfaltung seiner
Persönlichkeit und seiner Kunst an das
Licht der Oeffentlichkeit zu treten, brachte

diesen neuen Stil bei seinem ersten Hervortreten als etwas Fertiges und in völliger systematischer Durchbildung mit. So konnte es denn kommen, dass er plötzlich scheinbar unvermittelt, als eine ganz fremdartige, vielen unverständliche Erscheinung auftrat.

*　*　*

Bevor ich mich zu einer kurzen Würdigung seines Schaffens wende, mögen einige biographische Notizen Raum finden.

Geboren am 13. März 1860 zu Windischgrätz in Steiermark, wurde Hugo Wolf bereits in frühester Jugend, mit fünf Jahren, von seinem Vater im Klavier- und Geigenspiel unterwiesen. Seine spätere Erziehung genoss er im Konvikt des Benediktinerstiftes St. Paul in Kärnthen, wo er während seiner Gymnasialjahre auch eifrigen Orgelstudien oblag.

Anfangs der achtziger Jahre trat der junge Künstler ins wiener Konservatorium ein. Doch mag ihm das Leben dort rechtschaffen sauer geworden sein; denn schon nach einem Jahre meldete er seinen Austritt an und begann, sich abseits in den Büschen seine eigenen Wege zu bahnen. In der Folge bethätigte er sich vier Jahre lang als

Kritiker für das „Wiener Salonblatt" und machte sich in dieser Zeit gründlich verhasst durch seine rücksichtslose Offenheit, seinen künstlerischen Ernst und die Ungeniertheit, mit der er manchem beweihräucherten König „seine Nacktheit unter die Nase rieb."

Mit dem Winter 1888 beginnt für Wolf die Periode künstlerischer Vollreife, und es entstehen jetzt von diesem Zeitpunkt ab in sehr rascher Aufeinanderfolge seine grossen Liederzyklen zu Gedichten von Mörike, Eichendorff, Goethe, Keller und aus dem spanischen und italienischen Liederbuch von Geibel und Heyse — zusammen weit über 200 Gesänge. — In die drei Entstehungsjahre dieser Werke fällt überdies noch die Komposition einer Musik zu Ibsens „Fest auf Solhaug", die in Wien zur Aufführung gelangte, sowie mehrerer Chorwerke mit Orchester, von denen die Hymne „Christnacht" (Platen) in Mannheim eine Aufführung durch Felix Weingartner, eine andere, „Dem Vaterland" betitelte, etwas gespreizte, hohle, konventionelle Hymne für Männerchor wiederholte Aufführungen in Stuttgart und Graz, sowie im vorletzten Winter in Berlin unter Prof. Felix Schmidt erlebte.

Das eigentliche Verdienst, Wolf „entdeckt" zu haben, gebührt dem wiener akademischen

Wagnerverein. In Norddeutschland erregte Wolf zuerst im März 1892 durch ein Konzert in Berlin einiges Interesse für seine Bestrebungen; aber zu einem eigentlichen Erfolg verhalf ihm hier erst Siegfried Ochs, indem er am 8. Januar 1894 ausser zwei Bruchstücken aus dem „Fest auf Solhang" und dem entzückenden „Anakreons Grab" zwei Chorwerke zur ersten Aufführung brachte, die seitdem in einer ganzen Reihe von Städten mit glänzendem Erfolg wiederholt wurden, den „Feuerreiter" und das „Elfenlied" aus dem Sommernachtstraum.

Im selben Monat veranstaltete der Wagnerverein zu Darmstadt einen Wolfabend, gelegentlich dessen der Komponist von der hervorragenden Interpretation seiner Gesänge durch die vortreffliche frankfurter Altistin Frieda Zerny einen solchen Eindruck empfing, dass er in Gemeinschaft mit der Künstlerin und mit dem ausgezeichneten Baritonisten Dr. Faisst aus Stuttgart eine Reihe von Liederabenden in Süddeutschland und Oesterreich unternahm, deren starker, zum Teil enthusiastischer Erfolg ihm jetzt die Wege einigermassen zu ebnen scheint. Dazu, dass auch in Norddeutschland jetzt bisweilen der Name Wolfs wenigstens vereinzelt auf Konzertprogrammen zu finden ist, glaube auch ich durch zwei berliner Wolfabende, an denen ich vor drei Jahren 41 Lieder von Wolf zum Vortrag brachte, mein bescheiden Teil beigetragen zu haben.

Im Jahre 1895 hat Wolf nach mehrjähriger Schaffenspause ausser dem zweiten Bande des „Italienischen Liederbuches" ein absolut musikalisches Werk geschaffen, eine „Italienische Serenade". Als dann ein grossherziger berliner Mäzen ihn der trivialen Not und den Sorgen des Alltags entrückt hatte, vollendete er auf dessen tyroler Schloss in völliger Zurückgezogenheit sein erstes musilisches Drama, das köstliche Musiklustspiel „Der Corregidor". Die Dichtung dieses feinhumoristischen und auch wieder derbkomischen Werkes, das am 7. Juni 1896 auf der mannheimer Hofbühne mit jubelndem Beifall aus der Taufe gehoben wurde, stammt von Rosa Mayreder-Obermeyer und lehnt sich eng an Alarcons Meisternovelle „Der Dreispitz" an.

Um die gleiche Zeit, als der Künstler letzte Hand an seine Oper legte, schloss sich in Berlin eine Anzahl kunstgewogener Männer und Frauen, die seiner Kunst verständnisvolle Begeisterung entgegenbrachten, zu einem Vereine zusammen mit der Tendenz, dem Schaffen Hugo Wolfs weitere Kreise von Verehrern zu gewinnen und so ihm den

Weg zu der reichverdienten Anerkennung und zum Verstandenwerden zu ebnen. Der Hugo Wolf-Verein, der auch zahlreiche auswärtige Mitglieder hat, veranstaltete bisher vorwiegend für seine Mitglieder Konzertabende, ist aber in vergangenem Winter auch mit einem äusserst erfolgreichen öffentlichen Wolfabend hervorgetreten.

* * *

Unterziehen wir jetzt die bisher erschienenen lyrischen Schöpfungen des jungen Meisters einer flüchtigen Betrachtung und untersuchen wir insbesondere, worin das Neue und Bahnbrechende dieser Musik besteht.

In erster Linie nach der technischen Seite, finden wir da eine ganz neue Behandlungsweise der ausführenden Organe.

Das Klavier tritt aus seiner untergeordneten Stellung als blosses Begleitungsinstrument, als Stütze der „Melodie", heraus und sieht sich eine Aufgabe zugewiesen, ähnlich derjenigen, die bei Wagner dem Orchester zufällt, nämlich die eines Interpreten, der die geheimsten seelischen Nüancen zu entschleiern, die Stimmungen des Gedichtes zu suggerieren hat. Das Instrument ist also

bei Wolf emanzipiert, erhält seine selbstän-
dige Bedeutung und völlige Gleichberech-
tigung mit der Singstimme.

Bei Wolf spielt das Klavier übrigens
nicht nur prinzipiell eine dem Wagnerschen
Orchester entsprechende Rolle, nein, genau
besehen ist es sogar nichts weiter als ein
— „verdecktes" Orchester. Dass die Kla-
vierstimme durchgehends orchestral gedacht
ist, kann keinem aufmerksamen Beobachter
entgehen, zumal wenn er „Anakreons Grab"
mit Orchester gehört; sie wirkt stets als
guter Klavierauszug, und man vermag fast
überall ungefähr die instrumentalen Klang-
kombinationen zu erraten, die dem Tondichter vorgeschwebt haben müssen. Alle
seine Gesänge sind sozusagen „verhaltene
Partituren".

Auch die Singstimme handhabt Wolf auf
eine für die Lyrik neue und eigentümliche
Weise, indem er Wagners Deklamations-
prinzip mit souveräner Meisterschaft konse-
quent durchführt.

Eigentlich sollte das ja für einen Komponisten von Bildung und Geschmack conditio
sine qua non sein. Aber es giebt in der
That kein einziges Gebiet der Kompositions-
technik, auf dem eine solche liederliche Ver-
wahrlosung, ein solcher Mangel an Geschmack

und künstlerischem Gewissen herrscht, wie auf dem der musikalischen Deklamation. Freilich, auf unseren Akademien wird man ja nach altem bewährten Brauch gelehrt, einer Melodie den Text „unterzulegen" — (cf. in Bellermanns „Kontrapunkt" das Kapitel „vom Unterlegen der Textworte", S. 416 ff.) —; kann es da wunder nehmen, wenn auch im Publikum über den deklamatorischen Gesangsstil, wie Wagner ihn ausgebildet hat, allgemeine Unklarheit und die grösste Begriffsverwirrung herrscht, ja wenn diese so weit geht, dass man den nachwagnerschen Tondichtern häufig sogar aus der gewissenhaften Beobachtung natürlicher, im Ausdruck wahrer Deklamation einen direkten Vorwurf gemacht hat. Aehnlich wie die moderne Malerei sich zu einem erbitterten Krieg gegen das konventionelle Sehen gezwungen sah, muss auch der moderne Gesangskomponist, trotzdem Wagner Mode geworden ist, auf Schritt und Tritt gegen das konventionelle Hören kämpfen, ganz besonders hinsichtlich der Deklamation.

Beckmesser als Merker ist bereits sprichwörtlich; ihn als Satire auf die deklamationswidrige Gesangsmusik zu empfinden, dazu sind die Trommelfelle noch zu dick. Man belacht die prosodischen Verzerrungen des

Stadtschreibers etwa wie Clownspässe.
Dächte man darüber nach, so würde man
erkennen, dass diese nur durch die Gegen-
überstellung mit Wagners eigener Deklamation dem Publikum als Verzerrungen zum
Bewusstsein kommen, dass man sich genau
dieselben geschmacklosen, sinn- und sprach-
widrigen Holprigkeiten von zahllosen Liederkomponisten in jedem Konzert bieten lässt
und ernsthaft ohne Widerspruch hinnimmt.

*   *
*

Aber nicht bloss in der Physiognomie,
auch im geistigen Gehalt kennzeichnen sich
Wolfs Schöpfungen auf das deutlichste als
die Träger neuer Werte.

Die Art, wie er den poetischen Stim-
mungsgehalt nicht allein bewahrt, — womit
man sich bisher beim Liederkomponisten
begnügte — sondern ihn potenziert, ihn zu
gesteigertem, suggestivem Ausdruck bringt,
ist geradezu beispiellos und einzig dastehend.
Mit fast unfehlbarer Treffsicherheit weiss er
schon im ersten Takte die Grundstimmung
eines Gedichtes zu erfassen und energisch
festzuhalten, gelte es nun der Darstellung
prometheischen Titanentrotzes oder zartester
duftiger Fantastik, der rohen Ausgelassenheit

eines trunkenen Köhlerweibes oder der
schwärmerischen Inbrunst in einem über-
schwänglichen Marienliede, der schlichten
Frömmigkeit eines gottergebenen Gebets
oder des beissenden Hohns auf eine konventionelle Trauung, gelte es das stechende
Wühlen der Migräne oder die tumultarische
Wildheit eines andalusischen Kastagnetten-
tanzes zu veranschaulichen.

Es würde dabei schwer fallen, unter den
zahllosen Liedern mehrere untereinander
ähnliche oder stimmungsverwandte zu finden.
Um einen ungefähren Begriff von der
Vielseitigkeit der Wolf'schen Lyrik, von dem
kaum glaublichen Farbenreichtum seiner Pa-
lette zu erhalten, betrachte man sich bei-
spielsweise einmal die ein bis zwei Dutzend
humoristischer Lieder, die sich in seinen
Sammlungen zerstreut finden. Es ist in der
That erstaunlich, wie viele verschiedene Nüancen des Humors man da beobachten kann,
von der allerdelikatesten, etwa in Goethes
„Gleich und Gleich", bis zu der derben
Drastik des Mörikeschen „Abschieds".

Dieser „Abschied", den Wolf an den
Schluss seines ersten grossen Zyklus stellte,
ist überhaupt ein merkwürdiges Stück, das
mich an den bekannten Lisztschen Scherz
auf dem Titelblatt der beiden berühmten

Polonaisen erinnert. Der Text schildert das burleske Renkontre mit einem naseweisen Rezensenten und gipfelt in dem drastischen Hinauswurf des Kritikasters, worauf Wolf mit einer ganz frech-banalen Walzerstretta schliesst! Ebenfalls im Schlussheft des Mörike-bandes findet sich noch ein höchst interessantes Stück musikalischer Ironie, die Komposition des satirischen Gedichtes „Bei einer Trauung". Neben dieses Heft halte man das kolossale Schlussheft des Goethebandes. Hätte Wolf auch nichts weiter geschaffen, als diese drei grandiosen Gesänge — er würde doch der Zukunft gehören. „Prometheus", „Ganymed" und vor allem die „Grenzen der Menschheit", jedes allein eine Riesen-Aufgabe, und wie gelöst! Speziell das letztgenannte Werk, mit einem unmöglich unbeabsichtigten „Erda"-Zitat, gehört für mich persönlich zum weihevollsten und heiligsten in der gesamten Musiklitteratur. Diese stille Grossartigkeit und ernste Erhabenheit des Nachspieles lässt sich mit nichts vergleichen, ausser allenfalls mit dem Eindruck des gestirnten Nachthimmels.

*   *   *

Mustert man die lange Reihe von Wolfs
Gesängen hinsichtlich der Texte, so ist der
Umstand bemerkenswert, dass die Namen
zweier der meist komponierten Lyriker,
Lenau und Heine, in dem Verzeichnis seiner
Werke vollständig fehlen.*) Dass Wolf sich
nicht etwa durch den äusseren Umstand von
den Gedichten der letzteren fernhalten liess,
dass sie meist schon andere Komponisten
gefunden, geht, von inneren Gründen ganz
abgesehen, auch daraus hervor, dass von
sehr vielen seiner Lieder bereits eine ganze
Reihe fremder Kompositionen vorhanden war.

Den Grund für die auffallende Thatsache
glaube ich in dem Gegensatz zwischen der
Subjektivität dieser beiden Ich-Poeten und
der lyrischen Objektivität Wolfs suchen zu
dürfen.

Auch die grosse Verschiedenartigkeit der
dichterischen Individualitäten muss auffallen,
deren Werke den Tondichter zur Komposition angeregt haben — wobei übrigens nicht zu
übersehen ist, dass Wolf sich auch bei diesen

---

*) In allerjüngster Zeit — zwei Jahre nach der
Entstehung obigen Essays — hat Wolf ein Heine'sches
und zwei Byron'sche Texte komponirt und herausgegeben. Ob damit mein psychologischer Erklärungs-
versuch im Prinzip widerlegt ist, oder ob nur eine
Ausnahme vorliegt, muss die Zukunft lehren.

Dichtern nur „objektive“, sozusagen ins epische
Gebiet übergreifende Lyrik ausgewählt hat. —
Aus der individuellen Verschiedenheit der Dich
ter, auf deren Werke Wolfs Kunst reagiert,
könnte man vielleicht folgern, der Komponist besitze keine eigene Individualiät, er
treibe eine Art Maskerade, kostümiere sich
mit denen der anderen; oder, schärfer ausgedrückt, seine Kunst sei eine gewisser-
massen reproduktive und am nächsten mit
der des Schauspielers verwandt. Thatsäch-
lich ist mir diese Auffassung, wenn auch
nicht mit solcher Bestimmtheit formuliert,
schon gesprächsweise entgegengetreten.
Sie scheint mir zu sehr an der Ober-
fläche zu haften. Wolf besitzt sogar im
Gegenteil eine sehr scharf ausgeprägte künstlerische Individualität, die allerdings durch
ihre aussergewöhnliche nervöse Differenziert-
heit nach verschiedenen Richtungen hin Be-
rührungspunkte mit untereinander ganz hete-
rogenen fremden Individualitäten besitzt, sodass bei den verschiedenartigsten Dicht-
werken verwandte Seiten in ihm erklingen.
Aehnlich wie der Dramatiker und auch
mit der Objektivität des Dramatikers stellt
er in den anderen doch immer nur sich
selbst dar, projiziert gleichsam verschiedene
Seiten von sich selbst. Diese Objektivität

und Vielseitigkeit der lyrischen Eigenart, die
er wohl nur mit Franz Schubert teilt, schei-
det ihn scharf von der Mehrzahl der übrigen
ernst zu nehmenden Liederkomponisten, die
sich als ausgesprochen subjektive Lyriker,
als „Lyriker im engeren Sinn" charakterisieren. Schumann oder von neuerem etwa
Weingartner und Alexander Ritter, — um
ein meiner psychologischen Beobachtung
näherliegendes Beispiel zu vermeiden —
wählen den Text, der ihrer augenblick-
lichen Seelenstimmung entspricht und bringen
in der Komposition ihre eigene Individualität vollständig zum Ausdruck; der Dichter
ist Nebensache, dessen Individualität formt
der Komponist nach der eigenen um. —
Man verstehe wohl: dass die Poesie bei
den genannten Modernen die von Wagner
geforderte dominierende Rolle behauptet,
widerspricht dem keineswegs.

Bei Wolf ist der psychische Vorgang
während der Komposition ein wesentlich an-
derer: Bei ihm ist die eigene Stimmung erst
das Sekundäre, durch die Poesie Verur-
sachte; er giebt sich völlig an die Suggestion
des Gedichtes hin. Dadurch löst sich dann
bei ihm eine musikalische Vorstellung aus,
die den adäquaten Ausdruck für die Indi-

vidualität des Dichters bildet. Wolf bringt
in dem Lied nur den Teil seiner Individualität zum Ausdruck, in dem sie sich mit der
des Dichters deckt. So entsteht der Schein,
als ob der Tondichter das eigene Ich zu
Gunsten des fremden unterdrücke.
Hiermit ist wohl auch die merkwürdige
Thatsache erklärt, dass Wolf in jedem seiner
Zyklen musikalisch ein ganz anderes Gesicht
zeigt.

* * *

Bis jetzt ist Hugo Wolf in weiten Kreisen
des Publikums noch kaum dem Namen nach
bekannt. Und das ist traurig. Denn wenn
auch seine Kunst zu aristokratisch und zu
exklusiv ist, um Aussicht zu haben, in ab-
sehbarer Zeit Gemeingut der deutschen Haus-
musik zu werden, oder es wenigstens in
demselben Masse zu werden, wie es etwa
Schubert, freilich auch nur mit einem ge-
ringen Teil seiner Gesangsschöpfungen geworden ist: der gebildete Dilettant könnte
doch, poetisches Empfinden, musikalische Intelligenz und reife Technik vorausgesetzt,
viel Genuss bei dieser gewaltigen Kunst
finden.

Es wäre darum in hohem Grade wünschens-
wert, dass zunächst der Verleger Wolf's die

Zahl der einzeln abgedruckten Lieder erheblich vermehrte und dabei eine charakteristischere Auswahl träfe, als die herzlich unglückliche Zusammenstellung der bisher einzeln erschienenen Gesänge. Dann aber, und vor allen Dingen, wäre es notwendig, dass meine verehrten singenden Kolleginnen und Kollegen sich endlich einmal ihrer Pflicht bewusst würden und daran denken wollten, dass der Sänger einen höheren Beruf hat als tausendmal gesungene Schlager und Schmachtfetzen, die ohnedies in keiner Familie fehlen, zum tausend und ersten Male wiederzukäuen. Aber freilich verlangt solch höherer Beruf Betriebskapital: Selbständigkeit des Geschmacks, Reife der Intelligenz und charaktervolle Initiative. Doch wer von unseren Sängern und Sängerinnen besitzt diese drei Eigenschaften? Und wenn auch künstlerischer Adel „verpflichtet", wo in unserer Sängerwelt ist dieser Adel zu finden?

Gott besser's!!

(Magazin
1897 No. 25.)   (abgekürzt.)

Druck von A. Beydel & Cie., G. m. b. H., Berlin C.